DESPERTE SEU CONHECIMENTO MILIONÁRIO

CARO LEITOR,
Queremos saber sua opinião sobre nossos livros.
Após a leitura, curta-nos no **facebook/editoragentebr**,
siga-nos no **Twitter @EditoraGente** e visite-nos
no site **www.editoragente.com.br**.
Cadastre-se e contribua com sugestões,
críticas ou elogios.
Boa leitura!

ANA TEX
LUCIANO LARROSSA
ANA MARTHA TEX

DESPERTE SEU CONHECIMENTO MILIONÁRIO

Alcance a liberdade que sempre quis transformando o seu conhecimento em um negócio rentável no mundo digital

Diretora
Rosely Boschini

Gerente Editorial
Rosângela Barbosa

Assistente Editorial
Franciane Batagin Ribeiro

Controle de Produção
Fábio Esteves

Preparação
Janice Florido

Projeto gráfico e Diagramação
Vanessa Lima

Revisão
Leonardo do Carmo e Olívia Tavares

Capa
Bruno Ortega

Imagem de Capa
Olga_C / Shutterstock

Impressão
Gráfica Rettec

Copyright © 2019 by Ana Tex, Luciano Larrossa e Ana Martha Tex
Todos os direitos desta edição são reservados à Editora Gente.
Rua Wisard, 305, sala 53 – Vila Madalena
São Paulo, SP – CEP 05434-080
Telefone: (11) 3670-2500
Site: http://www.editoragente.com.br
E-mail: gente@editoragente.com.br

Dados Internacionais de Catálogo na Publicação (CIP)
Angélica Ilacqua CRB-8/7057

Tex, Ana
   Desperte seu conhecimento milionário / Ana Tex, Luciano Larrossa e Ana Martha Tex. – São Paulo : Editora Gente, 2019.
   160 p.

ISBN 978-85-452-0332-2

1. Empreendedorismo 2. Negócios 3. Comércio eletrônico I. Título II. Larrossa, Luciano

19-1303   CDD 658.421

Índice para catálogo sistemático:
1. Negócios digitais

AGRADECIMENTOS

ANA TEX

Agradeço aos meus pais José e Carmelita que me proveram a educação e sempre me fizeram valorizar o conhecimento. Meu pai, que teve uma vida simples e com dificuldades, tendo que andar todos os dias, por anos, mais de 20 km para poder estudar e conseguir uma vida com melhores condições fora da zona rural do interior de São Paulo, sendo assim uma das maiores inspirações que me fazem acreditar que conhecimento é poder.

Minha mãe, que recebeu muita inspiração de seu pai e avô, ambos professores, e com certeza tiveram muita influência, mesmo que indiretamente no meu desenvolvimento e na minha paixão em ensinar. Minha mãe sempre investiu no meu conhecimento e é uma grande entusiasta do trabalho que fazemos na internet.

Minha irmã, Ana Martha, que é minha companheira de jornada e responsável pelas estratégias e execuções de vendas dos treinamentos que temos na nossa empresa. Sem ela, com certeza nosso negócio não existiria.

Meu agradecimento especial é dedicado ao Luciano, que sempre foi um grande incentivador do meu trabalho e, por meio das aulas e mapas mentais que produzi, escreveu a maior parte deste livro. É sempre divertido e prazeroso compartilhar projetos com você!

Agradeço aos meus alunos e seguidores pela confiança que depositaram no meu trabalho.

LUCIANO LARROSSA

Dedico este livro, em especial, à minha irmã, que durante catorze anos foi a minha principal fonte de inspiração e quem me ensinou que a vida pode ser vivida com alegria, ambição e carinho apesar de todas as dificuldades. Aos meus pais, um muito obrigado pela dedicação sempre e por terem me ensinado que devemos viver a vida com a maior intensidade possível. A todos os meus irmãos desejo que este livro possa incentivá-los a iniciar a carreira no meio digital. E, por último, à Ana Tex, que além de ser uma excelente sócia de negócios, é uma excelente companheira de vida e com um coração do tamanho do mundo. Sem ela este livro jamais teria sido escrito.

ANA MARTHA TEX

Agradeço a Deus e à minha família, que sempre apoiou as minhas decisões profissionais e me educou para que eu tivesse a minha própria independência, fazendo com que eu buscasse oportunidades para me adequar ao mercado de trabalho. Tenho imensa gratidão pela minha irmã, Ana Tex, por ter me apresentado ao mercado do marketing digital. Juntas, tivemos a oportunidade de empreender com o nosso conhecimento e ensinar milhares de pessoas, sempre fomentando o empreendedorismo para que cada um consiga atingir a tão sonhada liberdade financeira, conseguindo cada vez mais prosperidade em sua vida.

Sou eternamente grata pela confiança da equipe Marketex e grata a cada amigo que acreditou na minha jornada.

Obrigada a todos os alunos que contribuíram para o meu sucesso, vocês fazem parte de tudo isso.

SUMÁRIO

Introdução 8
Entendendo o mercado 12
O que vou vender? 22
O poder dos nichos 30
Como começar a criar o meu produto digital? 38
Começando a organizar o seu produto:
está sem ideias do que criar? 52
Criando os produtos 58
Como entrego os meus materiais? 74
Publicação do produto e formas de pagamento 78
Como funciona o processo de venda na internet ... 86
Criação de conteúdo 108
Delegando tarefas 132
Viajando e trabalhando 144
Últimas dicas 152
Conclusão 156

INTRODUÇÃO

Vivemos em uma era em que o conhecimento é o nosso bem mais valioso. Hoje em dia, profissionais liberais, professores, artistas, comerciantes e influenciadores constroem carreiras e alcançam milhões de pessoas que acessam a internet, em especial as mídias sociais.

Enquanto antigamente a televisão era o canal impulsionador de grande parte dos profissionais que queriam se destacar, hoje em dia muitos começam sua carreira na internet, e ir para a TV acaba sendo uma consequência de seu sucesso no ambiente on-line.

Para conseguir isso, eles usam o conhecimento. Criar uma conta em uma rede social e falar para milhões de pessoas é, na atualidade, algo que está ao alcance de um único clique.

No momento em que começamos a escrever este livro, a imagem de um ovo acabava de se tornar o post mais curtido do Instagram, ultrapassando uma foto da empreendedora americana Kylie Jenner, que tinha 18 milhões de likes. Sim, um simples ovo. Obviamente houve toda uma estratégia por trás de tudo isso, mas o exemplo serve para demonstrar que hoje uma ideia não precisa da ajuda de um meio tradicional para ser bem-sucedida.

Quer outro caso interessante? Aqui vai: o jogo Pokémon GO. Sabe quanto tempo o telefone demorou para alcançar 50 milhões de pessoas? Cerca de cinquenta anos. O cartão de crédito? Mais de vinte e oito anos. O computador? Quase quinze anos. Já o Pokémon GO demorou apenas dezenove dias para atingir a mesma marca.

Infelizmente, muita gente ainda não conseguiu visualizar todo o potencial da internet em suas vidas. Se há algo que nos deixa bastante tristes é vermos pessoas talentosíssimas que continuam trabalhando em empregos que as deixam insatisfeitas e frustradas.

Essa pessoa pode até ser você. Talvez esse seja um dos motivos pelos quais você está lendo este livro.

A boa notícia é que esta obra vai abrir a sua mente para um mundo muito diversificado, cheio de possibilidades. Um mundo que, provavelmente, você não tem nem sequer ideia de que existe. Vamos mostrar como vender o seu conhecimento e ainda ajudar pessoas do mundo todo.

Aquilo que você sabe já não precisa ficar preso a uma sala de aula ou a um escritório: você pode compartilhar com o mundo e ainda ser pago por isso. A limitação física deixou de existir; por meio da internet é possível estar em lugares diferentes e ter acesso a conteúdos de todos os lugares.

Durante os últimos anos, fizemos exatamente isso. Ajudamos milhares de alunos em todo o mundo, demos palestras em vários países e criamos milhares de conteúdos na internet de forma gratuita. Lançamos dezenas de cursos pagos e temos uma equipe com mais de 15 pessoas sem ter um único escritório.

E agora chegou a vez de passarmos esse conhecimento a você. Nosso objetivo é que você aprenda a transformar o seu conhecimento em um negócio lucrativo e que esteja em total sintonia com o seu propósito de vida.

INTRODUÇÃO

Vamos apresentá-lo a vários modelos de negócio que podem ser criados na internet, indicar as melhores ferramentas e também falar sobre estratégias de vendas. No fim da leitura, você encontrará um QR code que dá acesso a mais de mil reais em desconto na compra de ferramentas para o seu produto digital. Esse é o nosso presente para você!

Você tem um conhecimento dentro de si que o mundo precisa conhecer. Aquilo que você sabe é único e outras pessoas precisam aprender contigo. O mundo está esperando pelo seu conhecimento.

Ao longo deste livro, você irá aprender a criar o seu produto digital, que pode ser um treinamento, mentoria, consultoria, grupos de network ou engajamento (explicaremos mais à frente alguns desses termos).

> **VIVEMOS EM UMA ERA EM QUE O CONHECIMENTO É O BEM MAIS VALIOSO. ESTA OBRA VAI ABRIR A SUA MENTE PARA UM MUNDO MUITO DIVERSIFICADO, CHEIO DE POSSIBILIDADES.**

Você também vai aprender a criar audiência para vender o seu produto, a construir uma equipe totalmente on-line e, ainda, a viajar e trabalhar ao mesmo tempo. É provável que, ao concluir a leitura deste material, sua cabeça fique repleta de ideias, por isso, considere que este livro é também um guia de consultas frequentes, pois contém informações bastante práticas, que serão úteis para a realização dos seus planos.

Estamos ansiosos para mudar a sua vida e revelar um mundo de oportunidades incríveis que você talvez nem sabe que existe!

ENTENDENDO O MERCADO

Há várias formas de vender o seu conhecimento na internet. Profissionais da comédia (*stand up comedy*), por exemplo, gravam vídeos no YouTube e no Facebook e esperam que esses vídeos ajudem na venda de seus espetáculos.

Músicos, quando investem milhares ou milhões de reais lançando seus videoclipes, não ganham muito dinheiro com o vídeo. Porém, esperam que outros ganhos surjam, como aumento de público em seus shows, novos contratantes e patrocinadores, oportunidades como influenciadores digitais e incremento na venda de músicas em aplicativos (Apple Music e Spotify – ou mesmo de CDs e DVDs).

Mas essas são formas indiretas de ganhar dinheiro na internet com o seu conhecimento. Há maneiras diretas de você compartilhá-lo e lucrar com isso. É para estas maneiras que olharemos ao longo deste livro.

Vamos falar principalmente de produtos digitais, a fim de ensiná-lo a transformar seu conhecimento em vendas por meio desses produtos, que também são chamados de infoprodutos – materiais que contêm um determinado conhecimento e que é entregue a alguém sem que aconteça uma transação física. Tudo ocorre on-line.

Se você comprou este livro em formato físico, você está adquirindo conhecimento, que é entregue a você impresso em papel. Por outro lado, se comprou o e-book, o conhecimento também é entregue a você, mas por meio de um formato digital. Isso é um produto digital.

Atualmente, há diversas opções de produtos digitais que podem ser criados. A seguir falaremos sobre cada uma delas.

CURSOS ON-LINE

Em cursos on-line você ensina aos alunos o seu conhecimento por meio de videoaulas gravadas. Elas podem ser assistidas a qualquer momento. A gravação é feita uma única vez, com um só custo e as aulas podem ser vendidas para milhares de alunos. Vamos falar bastante sobre esse formato ao longo do livro. Exemplos:

- Se você entende de programação, pode ensinar outras pessoas a programar;
- Se cozinha bem, pode ensinar outras pessoas a cozinharem como você, ou até explorar um nicho diferente, como "cozinha vegana", e atrair pessoas com um perfil bem-definido;
- Se é fluente em uma língua estrangeira, pode ajudar outras pessoas a aprenderem esse idioma e até explorar partes mais específicas do estudo, como leitura ou conversação para um público específico, trabalhando com nichos, como executivos que precisam dominar o idioma para fazer mais negócios;
- Se você sabe consertar eletrodomésticos, pode ajudar milhares de pessoas a incorporar essa atividade em sua profissão e ganhar dinheiro.

> **VAMOS FALAR PRINCIPALMENTE DE PRODUTOS DIGITAIS, A FIM DE ENSINÁ-LO A TRANSFORMAR SEU CONHECIMENTO EM VENDAS POR MEIO DESSES PRODUTOS.**

E-BOOKS

É um dos formatos mais antigos de venda de conhecimento no mundo digital. Em vez de comercializar um livro impresso, você pode vender o conteúdo em formato digital. Um simples documento em PDF muitas vezes é suficiente: o cliente compra o livro em formato PDF e recebe-o por e-mail – tudo isso de forma automática, sem precisar de uma editora ou intermediários. Contudo, também há formatos mais complexos, normalmente utilizados em leitores digitais específicos. Exemplos:

- Se você é especialista em organização, pode vender um e-book dando dicas de como as pessoas podem se organizar melhor, ou abordar temas mais específicos, como organização de escritórios, treinamento de empregadas domésticas, organização para pessoas que moram sozinhas etc.;
- Se você sabe um modo de comprar passagens aéreas baratas, pode ensinar outras pessoas a fazerem o mesmo com o objetivo de economizar dinheiro no planejamento de suas viagens;

- Se você sabe tudo sobre como se tornar um maratonista, também pode ensinar isso para atletas iniciantes;
- Se você sabe negociar preços no Airbnb, pode ajudar pessoas a economizarem nas negociações.

AULAS AO VIVO

Nesse caso você vende o acesso a uma ou mais aulas ao vivo que vão acontecer em um determinado dia e horário. Ao optar por esse formato, é aconselhável oferecer aos alunos um ambiente de interação, a fim de que seja possível tirar dúvidas com você durante a aula. Esse modelo também é conhecido no mercado como palestra ao vivo ou consultoria, mas, no fundo, são aulas ao vivo, em que um profissional ensina seus alunos a fazerem algo. Exemplos:

- Se você é especialista da área financeira, pode dar uma aula ao vivo ensinando as pessoas a investirem melhor o seu dinheiro;
- Se você se acha uma pessoa muito produtiva, pode vender uma aula ao vivo ensinando as pessoas a serem produtivas da mesma maneira;
- Se você sabe tocar um instrumento, pode dar uma ou mais aulas ao vivo ensinando técnicas às pessoas.

CHECKLISTS

Os checklists são documentos no formato PDF nos quais você dá o passo a passo para alguém realizar uma tarefa. Vamos a um exemplo. Imagine que você ajuda pessoas a se mudarem do Brasil para Portugal. Você tem o conhecimento e sabe as etapas necessárias para conseguir se transferir de um país ao outro. Você poderia vender um checklist com todos os passos que a pessoa precisa seguir para fazer essa mudança. Exemplos:

- Checklist para o planejamento da viagem;
- Checklist para a compra da casa;
- Checklist para a abertura de um negócio no país de destino.

Você pode vender o checklist avulso ou fazer com que ele esteja atrelado a uma aula ao vivo, a uma mentoria (sobre a qual falaremos na próxima página) ou a uma consultoria. Por se tratar de produtos digitais, essa estratégia é realmente possível: vender um produto e dar outro como bônus. Detalharemos esse aspecto mais adiante.

ACESSO A GRUPOS

Com o crescimento dos grupos de Facebook, WhatsApp e Telegram, um dos formatos que tem crescido é a venda de acesso a grupos ou comunidades. Nesse formato, são criados grupos fechados nos quais você cobra uma mensalidade ou anuidade para que as pessoas façam parte. Ali, você publica conteúdo relevante relacionado ao tema do grupo e tira dúvidas dos integrantes. Exemplos:

- Um grupo para ajudar pessoas a aprenderem inglês;
- Um grupo para ajudar coaches a conseguirem clientes;
- Um grupo no qual ensina-se sobre perder peso de forma saudável;
- Um grupo de estudos para empreendedores de determinada cidade ou região;
- Um grupo de networking para profissões ou áreas de estudos específicas.

MENTORIAS

São acompanhamentos feitos a um grupo durante um longo período de tempo. Imagine que você está ajudando um grupo de pessoas a perder peso. Em vez de vender um curso para elas, uma opção seria um acompanhamento mais prolongado, uma mentoria.

O tempo que essa mentoria vai durar será o tempo necessário para que seus alunos consigam o resultado pretendido. Esse período pode ser de seis meses a um ano, ou ser definido pelo número de encontros. No nosso caso, costumamos programar oito encontros durante o processo de mentoria.

Nesse momento, você estará em constante contato com o grupo. Muitas vezes, esse tipo de produto tem um valor mais alto e pode envolver alguns encontros presenciais também, para que haja maior interação entre os participantes. Exemplos:

- Um grupo de mentoria que ajuda empresários a abrir negócios em outro país;
- Um grupo de mentoria que ajuda alunos a falar inglês fluentemente;
- Um grupo de mentoria que ajuda empreendedores a ter sucesso em marketing digital.

MASTERMIND

Masterminds costumam ser os produtos mais caros do mercado. Eles envolvem vários encontros – muitos deles presenciais –, e apenas participam profissionais com resultados comprovados. É como se fosse um grupo de elite. Esse tipo de produto é mais procurado por empreendedores que buscam alavancar resultados. Uma característica do mastermind é que você não só terá acesso ao conhecimento do mentor responsável, como também dos demais membros do grupo, já que nesse modelo, o principal ativo é o conhecimento gerado pelas sugestões do grupo, não apenas de um membro. Exemplos:

- Um grupo de mastermind que ajude a duplicar ou triplicar o faturamento;
- Um grupo de mastermind que ajude profissionais a implementarem estratégias de marketing digital.

ACOMPANHAMENTO OU CONSULTORIA

Ao contrário dos dois exemplos anteriores, o produto de acompanhamento é individual. Você é pago para acompanhar individualmente uma pessoa durante algumas semanas ou meses. Exemplos:

- Um psicólogo pode cobrar para oferecer acompanhamento on-line a um atleta por vários meses;
- Um coach pode acompanhar um cliente por meio do WhatsApp, dando dicas diárias de como é possível melhorar a sua performance;
- Uma nutricionista pode cobrar para que o cliente tenha acesso ao seu WhatsApp diariamente e receba dicas de uma alimentação mais adequada ao seu estilo de vida ou sobre restrições alimentares.

DESAFIOS

Esse é um dos formatos mais recentes. No desafio, você envia diariamente dicas para uma lista ou grupo de pessoas. Geralmente, os desafios são realizados durante trinta dias. Para cumprí-los, os participantes recebem uma orientação do que é preciso ser feito. Exemplos:

- Se for um profissional de corrida, você pode criar um desafio com o objetivo de ajudar as pessoas a correrem os seus primeiros 5 km;
- Se for um investidor, pode desenvolver um desafio para ajudar as pessoas a fazerem o seu primeiro investimento na Bolsa;
- Se for um profissional do audiovisual, pode criar um desafio para ajudar as pessoas a publicarem o seu primeiro vídeo no YouTube.

No mercado atual, há diversas possibilidades de produtos digitais que podem ser criadas. Mas antes de desenvolver o seu, é necessário pensar em algo básico, porém, determinante: *O que vou vender? Qual é o conhecimento que você gostaria de comercializar pela internet?*

Neste momento tão decisivo, há dois tipos de pessoas:

- Aquelas que têm mil ideias e querem fazer várias coisas;
- Aquelas que são tão críticas e perfeccionistas que acabam ficando paralisadas e não produzem nada.

Tanto uma como a outra costumam ter muita dificuldade na hora de vender o seu conhecimento na internet.

A parte estratégica é fundamental em qualquer negócio digital. Por ser tão fácil começar a criar conteúdo e vender conhecimento, muitas vezes a parte estratégica é desprezada, e isso acaba gerando frustração no futuro.

Já vimos profissionais muito talentosos que, por não terem foco, não conseguiram criar audiência.

Por outro lado, conhecemos profissionais que, por serem excessivamente perfeccionistas com o próprio trabalho, acabaram sem publicar seu conteúdo ou vender produtos digitais. Estão sempre com receio da crítica alheia, apenas consumindo conteúdo, mas sem criar nada na prática.

Um outro erro é pensar: *O que aquele concorrente vai achar do meu trabalho?* Pense sempre que o seu trabalho é transformar a vida de pessoas leigas que precisam do seu conhecimento e da mudança que você pode gerar.

Tanto falta de foco como perfeccionismo exagerado são problemas graves no mercado digital. Por isso, antes de avançar para a próxima parte, queria deixar este aviso: não seja nem um nem outro.

Seja exigente com o seu trabalho, mas não a ponto de impedir que o seu negócio avance. Por outro lado, seja proativo mas não em demasia a ponto de querer fazer mil coisas ao mesmo tempo e não ter um rumo.

Vamos lá?

> **NO MERCADO ATUAL, HÁ DIVERSAS POSSIBILIDADES DE PRODUTOS DIGITAIS QUE PODEM SER CRIADAS. É NECESSÁRIO PENSAR EM ALGO BÁSICO, PORÉM, DETERMINANTE:**
> *O QUE VOU VENDER?*

O QUE VOU VENDER?

Agora que já viu que há vários formatos de produtos digitais que podem ser criados, chegou o momento da grande pergunta: o que você vai vender? Qual conhecimento você tem que pode ser comercializado e que pode contribuir para mudar a vida de milhares de pessoas?

Ao longo dos últimos anos, em nossos cursos e mentorias, vimos um sem-número de pessoas errarem nessa fase. E erros nessa fase podem acarretar vários problemas no futuro.

Escolher um negócio errado pode ser a diferença entre vender e não vender, entre ter um negócio que rende 10 milhões de reais ao mês ou um que rende 10 mil.

Mas para ajudá-lo, preparamos uma série de perguntas que deve fazer a si mesmo antes de definir qual conhecimento será vendido por você.

Pegue uma folha de papel e responda a todas elas. Escreva sobre cada uma delas. Isso vai ajudá-lo a ter maior clareza no trabalho que vamos desenvolver daqui para frente.

QUAL É O SEU PROPÓSITO?

Sabe aquela tarefa que você tem tanto prazer em fazê-la que nem repara que já se passaram várias horas executando-a? Ou sabe aquele tipo de trabalho que faz você levantar da cama com muita vontade de viver aquele dia? Isso é o seu propósito.

Propósito é uma tarefa que faz você se sentir bem e tornar o mundo à sua volta um lugar melhor. E esse mundo pode ser as pessoas da sua família, da sua cidade ou até aqueles que você nem conhece.

Pode parecer papo de autoajuda, mas a verdade é que começar um negócio com o qual você tenha forte propósito é algo muito importante. Principalmente, quando as dificuldades aparecerem.

Há muitas pessoas que iniciam negócios digitais apenas por dinheiro. Percebem que uma determinada área está em alta e começam a trabalhar nela.

Tudo bem se você quiser um negócio lucrativo ou experimentar outras áreas. Nada contra. Porém, se o seu único motivo para iniciar um negócio é o dinheiro, lá na frente você terá sérios problemas.

Quando surgirem as dificuldades, ou até mesmo quando começar a ganhar muito dinheiro, você vai perguntar a si mesmo: *Por que estou fazendo isso?*

Vá por nós: não faça um trabalho apenas pelo dinheiro. Procure o seu propósito. Daqui a alguns anos você irá entender do que estamos falando.

QUAL É A SUA PAIXÃO?

Essa pergunta é semelhante à anterior, mas ela deve ser analisada mais do ponto de vista pessoal. Existe algo que você adoraria estudar

O QUE VOU VENDER?

> **ESCOLHER UM NEGÓCIO ERRADO PODE SER A DIFERENÇA ENTRE VENDER E NÃO VENDER, ENTRE TER UM NEGÓCIO QUE RENDE 10 MILHÕES DE REAIS AO MÊS OU UM QUE RENDE 10 MIL.**

e aplicar durante anos e anos seguidos? Existe alguma área de atuação que faça o seu olho brilhar quando alguém a menciona? Essa é a sua paixão.

A paixão é algo fundamental, pois no mercado digital você lidará com mudanças constantes. Precisará se reinventar o tempo todo. E sem paixão isso jamais será possível.

HÁ MERCADO PARA ISSO?

Por mais que você tenha paixão por algo, é necessário entender se o volume de pessoas que se interessam pela mesma área é suficiente para você ter um negócio.

Vamos dar um exemplo nosso para que você entenda melhor.

LUCIANO LARROSSA: Quando comecei na internet, um dos primeiros sites que desenvolvi trazia notícias relacionadas a tênis (a modalidade esportiva). Esse site tinha também um e-commerce, no qual eu vendia raquetes e materiais relacionados à modalidade.

O projeto foi um fracasso.

Mais tarde entendi o motivo. Apesar de eu ser apaixonado pelo esporte, o tamanho do público que havia em Portugal não era suficiente para que eu criasse um negócio sustentável. Algumas pessoas gostavam de tênis, sim, mas o volume era insuficiente para criar algo rentável. Acabei abandonando o projeto ao fim de um ano, perdendo milhares de euros e muitas horas de trabalho.

ANA TEX: Quando comecei no mercado de produtos digitais, o primeiro produto que criei se chamava InstaNegócios, com o objetivo de ensinar estratégias para aumentar vendas e visibilidade no Instagram.

Depois de dois anos entendi que havia muitas pessoas querendo aumentar o número de seguidores nessa mídia, então reformulei meu produto e batizei-o de Mais Seguidores. Aprendi que o tamanho do mercado pode aumentar quando você vende o que as pessoas querem e entrega o que elas precisam. Isso quer dizer que muita gente quer ter mais seguidores e, a partir das estratégias que sempre ensinei, pude fazer com que meu mercado se sintonizasse ainda mais ao meu produto.

ESTE MERCADO É PAGADOR?

Há paixões e propósitos muito interessantes. Porém, será que o mercado está disposto a pagar pelo seu produto? Será que o conhecimento que você quer passar será comprado por outras pessoas?

Durante os últimos anos vimos muitos negócios interessantes serem lançados, mas eles compartilhavam um problema: ninguém estava disposto a pagar por eles!

"Ah, mas os meus amigos disseram que comprariam se eu lançasse!"

O QUE VOU VENDER?

Esqueça essas frases de amigos. Na teoria, os seus amigos estão sempre dispostos a comprar algo de você. Mas na hora de passar o cartão, poucos são aqueles que realmente digitam a senha e confirmam.

Não leve os seus familiares e amigos como parâmetro na hora de criar o seu negócio on-line. Uma boa forma de entender se realmente existe mercado é perceber se alguém já está vendendo um produto parecido com o seu. Se outros empreendedores estão vendendo é porque há um mercado comprador para isso.

E se não houver ninguém vendendo? Ou realmente não existe mercado, ou você é uma pessoa visionária. Uma dessas opções será a certa.

Nesses casos, o que recomendamos é que você crie um Mínimo Produto Viável, também conhecido como MVP.

Falaremos sobre isso mais à frente neste livro.

ANA TEX: Quando comecei, tinha a ideia de criar um treinamento de Instagram para negócios. Como não havia ninguém falando sobre isso, eu não sabia se a ideia era boa. Cheguei a perguntar a algumas pes-

> **A PAIXÃO É ALGO FUNDAMENTAL, POIS NO MERCADO DIGITAL VOCÊ VAI LIDAR COM MUDANÇAS CONSTANTES. VAI PRECISAR SE REINVENTAR O TEMPO TODO. E SEM PAIXÃO ISSO JAMAIS SERÁ POSSÍVEL.**

soas da área de marketing digital, mas não encontrei respostas que me passassem segurança.

Então, resolvi testar e lancei um curso presencial sobre o assunto, na minha cidade. Vendi alguns ingressos e ofereci os restantes. Ali eu pude pegar feedbacks e compreender melhor o que as pessoas queriam, assim validei o meu produto.

Por isso, uma boa forma de você tentar entender se o seu produto pode ou não ter um público interessado é organizar um evento presencial em sua cidade. Se tiver muita adesão, provavelmente também há um público comprador para a versão on-line.

É POSSÍVEL ESCALAR ESSE NEGÓCIO?

O conceito de escalabilidade nos negócios é extremamente importante. Um negócio escalável permite que ele cresça sem que os custos evoluam proporcionalmente.

Daremos um exemplo para que você entenda melhor.

Imagine que é psicólogo e vende consultas on-line. Nesse caso, você troca a sua hora pelo valor que o paciente paga. O problema é que o número de horas disponíveis por dia é limitado. No máximo, você pode trabalhar entre 8 e 12 horas diárias.

Quando estiver com a agenda cheia, pode aumentar o valor que cobra por hora, mas também estará sempre limitado, pois há um valor máximo que a maioria das pessoas está disposta a pagar por uma consulta.

Em resumo: esse formato de negócio não é escalável.

Agora imagine que esse mesmo psicólogo cria um curso on-line. Grava algumas aulas e vende o seu conhecimento. Nessas aulas, não há limite de alunos que ele pode alcançar: os conteúdos estão gravados e o custo de distribuição para uma pessoa ou para mil é o mesmo.

Obviamente, ele pode fazer as duas coisas: dar consultas durante algumas horas do dia e administrar o curso em outras.

O importante é refletir se o produto que pretende desenvolver pode ser vendido a mais pessoas sem aumentar os custos na mesma proporção.

ESTE MERCADO ESTÁ EM CRESCIMENTO OU EM DECADÊNCIA?

Outro ponto importante para analisar é o momento do mercado. Será que ele está crescendo ou diminuindo? É muito mais fácil fazer vendas em mercados que estão evoluindo do que naqueles que estão em decadência.

O PODER DOS NICHOS

Outro ponto fundamental é trabalhar com nichos na internet. Antigamente, quanto mais abrangente a sua marca fosse, melhor. Mas na atualidade, até para fugir da concorrência e do poder financeiro das grandes marcas, os nichos têm sido excelentes apostas de negócios.

Mas o que são nichos?

Muitas pessoas costumam confundir nichos com segmentos de mercado. Para entender melhor, iremos dar um exemplo.

Pense no segmento de moda. Moda é um segmento. Nichos seriam a moda evangélica ou a plus size.

O nicho, podemos dizer, é um segmento dentro do segmento.

- **Segmento:** alimentação – **nicho:** alimentação vegana
- **Segmento:** esporte – **nicho:** tênis
- **Segmento:** academia – **nicho:** academia apenas para mulheres

Obviamente você pode nichar ainda mais, ou seja, supernichar. No exemplo do tênis, poderia supernichar para tenistas profissionais ou tenistas amadores. Não há limites para você nichar; o importante é entender que isso é fundamental para o seu negócio.

Mas eu não vou perder muito público se nichar? Sim e não. Obviamente, você perde em escala. O tamanho do seu público potencial é menor. Porém, se você tentar se comunicar com públicos maiores, vai enfrentar vários problemas, como:

- Maior concorrência;
- Demanda de maior investimento para atingir os potenciais clientes;
- Aumento da equipe de trabalho;
- Dificuldade em se diferenciar no mercado;
- Concorrência com empresas que atuam há vários anos no mercado.

Quando você se comunica com o nicho, você fala para um pequeno grupo de pessoas. E provavelmente ninguém está prestando atenção a esse grupo de pessoas.

Quando estávamos viajando por São Francisco, vimos uma loja muito interessante: a Lefty's. Essa loja só tem produtos para canhotos! Quem é canhoto sabe como muitas vezes é complicado encontrar uma caneta adequada ou uma tesoura. Tudo é feito para destros. Então, eles desenvolveram uma empresa só com produtos para canhotos.

Veja também o exemplo deste livro. Podemos dizer que ele se enquadra no segmento de empreendedorismo, correto? E nós falamos aqui sobre empreendedorismo! Porém, é um nicho do empreendedorismo. O nicho de pessoas que querem usar seu conhecimento para vender algo na internet. E foi por isso que este livro chamou a sua atenção! Porque você tem o desejo ou a curiosidade de saber como funciona esse mundo on-line e como pode ganhar dinheiro com ele.

Entendeu a diferença?

Trabalhar com nichos traz várias vantagens, entre as quais:

> **NA ATUALIDADE, ATÉ PARA FUGIR DA CONCORRÊNCIA E DO PODER FINANCEIRO DAS GRANDES MARCAS, OS NICHOS TÊM SIDO EXCELENTES APOSTAS DE NEGÓCIOS.**

- Você se posiciona muito mais rápido;
- A sua concorrência é bem menor;
- Você não precisa de uma equipe para começar a atuar, pois consegue fazer isso de forma autônoma;
- Há nichos que nem sequer estão sendo explorados;
- Você foca em um conhecimento mais específico.

Começar com nichos é fundamental. No entanto, isso não significa que você precisa se manter nele para sempre. Você pode começar em um nicho e depois aumentar o alcance dele. O processo de começar pequeno e depois ir crescendo vai ajudá-lo a progredir. Já o contrário, torna-se impossível.

Veja a seguir os nossos exemplos de como começamos a atuar em nichos.

LUCIANO LARROSSA: Comecei meu primeiro blog com o objetivo de ajudar freelancers. Para conseguir isso, todos os dias criava conteúdo para os meus leitores. Com o tempo, fui vendo o potencial do Facebook e comecei a escrever sobre ele. Dentro do nicho das mídias sociais, especializei-me em Facebook. Mais tarde, o meu foco passou a ser anúncios pagos em mídias sociais. Fui migrando de nicho conforme adquiria conhecimento e o mercado ia abrindo novas oportunidades.

ANA TEX: Em 2016, mentorei uma aluna que se chama Alexandra Moraes; na época chegamos à conclusão de que ela tinha conhecimento necessário para falar sobre gestão de negócios, mas, como ela tinha uma loja on-line de sucesso, o melhor a se fazer seria focar no nicho de gestão, criação e marketing de lojas de moda. Com a definição do nicho, foi criado o Treinamento On-line Fashionmídias. Em menos de um ano, Alexandra criou o posicionamento e se tornou a profissional mais citada e respeitada no ramo de criação e administração de loja on-line de moda.

A SATURAÇÃO DO MERCADO E O SENTIMENTO DE BOLHA

Quando falamos de nichos, a reação de muitas pessoas é dizer que o nicho delas já está saturado e que não vale a pena entrar nele. Apesar de a percepção das pessoas poder estar certa, muitas delas também fazem uma análise errada por conta da bolha de conteúdo que acompanham.

Mas o que é bolha de conteúdo?

As redes sociais e outras ferramentas da internet funcionam em um sistema de algoritmo, que entende o conteúdo que você recebe e lhe fornece conteúdo semelhante. Veja o seu Facebook ou Instagram. Se estiver sempre curtindo e acompanhando conteúdo relacionado a carros, você vai receber muito conteúdo sobre carros. Se curte e interage com bastante conteúdo relacionado a balé, o que vai acontecer? Você vai receber mais conteúdo e anúncios sobre balé. Ele dá mais daquilo que você gosta.

Apesar de isso ser bom para a experiência do usuário, a verdade é que acaba gerando uma bolha de conteúdo. O usuário comum, que não sabe da existência desse algoritmo, acha que o mundo inteiro está recebendo aquele conteúdo também. Essas pessoas estão em uma bolha de conteúdo e não sabem.

E isso as prejudica na hora de avaliar o seu nicho. Quando refletem sobre nichos, muitos empreendedores consideram que ele já está saturado porque só recebem conteúdo relacionado a ele.

Se você estiver com essa sensação, tenha cuidado, pois pode estar fazendo uma análise precipitada do potencial do seu mercado.

> **MUITOS EMPREENDEDORES ATÉ TÊM UMA AUDIÊNCIA CONSIDERÁVEL, MAS CONHECEM POUCO SOBRE ELA E NÃO SABEM QUAIS PRODUTOS DEVEM CRIAR OU QUAIS OS PRINCIPAIS PROBLEMAS DA SUA AUDIÊNCIA.**

E SE EU JÁ TENHO PÚBLICO?

Se você já se posicionou e atua em seu nicho, parabéns, você está um passo à frente de muitos empreendedores. Nesse momento, você precisa entender melhor quem é o seu público. Muitos empreendedores têm uma audiência considerável, mas conhecem pouco sobre ela. E, por conhecerem pouco, não sabem quais produtos devem criar ou quais os principais problemas da sua audiência que poderiam ajudar a resolver.

A partir dessa conjuntura, recomendamos que quem já tem público faça um questionário para entender melhor a sua audiência. Esse mesmo questionário pode ser elaborado em ferramentas simples, mas eficientes: o Google Forms ou o Typeform. Nessas ferramentas, você insere suas perguntas e deixa um espaço para respostas. Quando concluir a estruturação do formulário, é possível gerar um link que poderá ser enviado à sua audiência, a fim de que ela responda às questões elaboradas por você.

Mas o que você deve perguntar? A seguir indicamos alguns exemplos:

- Qual é a sua maior dúvida?
- Qual é o seu maior sonho?
- Qual é a maior dificuldade em seu negócio?
- Se eu lançar o curso no preço x, você compraria?
- O que você quer aprender este ano?
- O que você gostaria que eu lhe ensinasse?
- Você prefere cursos on-line ou presenciais?
- Você prefere ler ou assistir à videoaula?

Mesmo que apenas uma pequena parte da sua audiência responda ao questionário, você terá uma ideia melhor daquilo que eles querem.

Se não quiser usar o Google Forms, outra forma de fazer essas perguntas é por meio de perguntas ou enquetes no stories do Instagram. Nesse formato, você faz uma pergunta de cada vez para a sua audiência e eles respondem. Pode ser outra forma interessante de receber esses dados. Porém, ela acaba sendo um pouco mais desorganizada que o Google Forms.

Agora que você já viu que é possível vender seu conhecimento e que é necessário se posicionar em um nicho, chegou o momento de começar a criar o seu produto digital.

E é aqui que muitas pessoas travam. Elas entenderam toda a teoria, mas se questionam por onde começar. Nesse momento, o importante não é focar *como fazer*, mas *o que fazer*. Este é o momento no qual você decide o tema do seu produto e o formato mais adequado (se será um curso, um e-book etc.).

Caso você tenha um bloqueio criativo e não saiba o que fazer para seguir em frente, considere recorrer a uma ferramenta que pode ajudá-lo bastante: o mapa mental.

Os mapas mentais são árvores de conteúdo que podem ser usados para organizar as ideias. Veja a seguir um exemplo do mapa mental que usamos na escrita deste livro.

MÓDULO 1 – ENTENDENDO O MERCADO

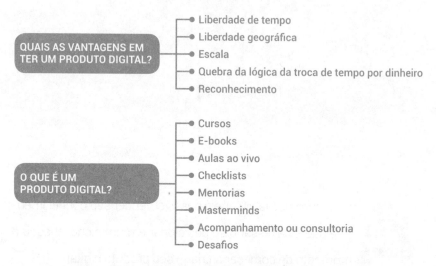

TODOS TEMOS ALGO A ENSINAR. QUAL É O SEU PROPÓSITO?

Os mapas mentais são excelentes auxiliares para que você tire suas ideias da cabeça e coloque-as em algum lugar. Depois de tirar todas as ideias da cabeça e colocar no mapa, aí sim você poderá organizá-las. A maioria das pessoas tenta organizar o produto quando tudo ainda está na cabeça, o que é um erro.

Se quiser organizar um curso on-line, liste no mapa mental todas as aulas que acha que fariam parte do curso. Depois, coloque-as em uma sequência lógica. Quer escrever um livro? Liste todo os temas no mapa. Depois, divida por capítulos.

Entendeu? Primeiro você escreve o que está na sua cabeça. Depois, organiza suas ideias.

Há disponíveis hoje diversas ferramentas que podem auxiliá-lo na criação de um mapa mental. No nosso caso, usamos a ferramenta MindMeister, que permite a criação gratuita de até três mapas mentais em uma conta. Se quiser mais, a ferramenta cobra mensalidades de apenas alguns dólares.

Atualmente, todo o nosso trabalho começa com um mapa mental. Seja a escrita de um livro, o lançamento de um curso ou a organização de uma palestra, tudo passa primeiro por um mapa mental.

O CONCEITO DE VITÓRIAS

Uma coisa muito importante que é preciso levar em consideração quando se cria algum produto relacionado ao conhecimento é que ele deve respeitar o conceito de vitórias. Vitórias são conquistas que os consumidores do seu conteúdo devem conseguir alcançar.

> **O IMPORTANTE NÃO É FOCAR *COMO FAZER*, MAS *O QUE FAZER*. ESTE É O MOMENTO NO QUAL VOCÊ DECIDE O TEMA DO SEU PRODUTO E O FORMATO MAIS ADEQUADO.**

Vamos dar o exemplo deste livro. O objetivo dele é conseguir que você transforme o seu conhecimento em vendas. Então, durante todo o livro a nossa escrita está focada nisso.

Além deste objetivo, durante esta obra estão distribuídas pequenas vitórias. Até agora foram elas: mostrar a oportunidade de ganhar dinheiro com o seu conhecimento, o poder dos nichos e como organizar o seu conteúdo.

Se você aplicou até aqui tudo o que dissemos, está bem mais próximo de conseguir algumas dessas vitórias.

Aos poucos, fomos dando pequenas vitórias para o seu negócio. E é isso mesmo que você deve fazer no seu produto digital. Faça duas perguntas a si mesmo:

- Qual é a grande vitória que o meu produto oferece?
- Quais serão as pequenas vitórias que vou dar aos meus alunos ao longo do caminho?

Muitas pessoas gravam cursos apenas com o objetivo de transmitir conceitos e teorias, mas que depois não são aplicáveis por quem consome esse conteúdo. Não estamos dizendo que a teoria não seja importante, mas quando você desenvolve um curso, um e-book ou uma aula ao vivo, é preciso entender a sociedade atual.

Vivemos em um mundo completamente conectado, em que as pessoas têm cada vez menos tempo e paciência para consumir conteúdo que não lhes interessa. Se você desenvolve um produto que é repleto de teorias logo no início e que não acrescenta nada que seja possível aplicar na prática, a chance de o seu cliente desistir é muito maior.

Novamente não estamos dizendo que você não deve ensinar conceitos teóricos. O nosso aviso vai no sentido de que, se o seu início for demasiado teórico, a chance de o aluno desistir de consumir o seu produto é muito maior. E se ele não consome nessa oportunidade, no futuro não comprará produtos seus.

Por isso, pense: *Como posso, logo nos primeiros minutos ou linhas, ensinar algo aos meus alunos que cause uma mudança em suas vidas? Qual é a vitória que posso dar a eles logo no começo do processo?*

Observe a seguir alguns exemplos.

- Se gravou um curso de programação, ensine o usário nas primeiras aulas a criar os seus primeiros códigos;
- Se escreveu um e-book sobre emagrecimento, dê logo nos primeiros capítulos conselhos que ajudem o leitor a eliminar os seus primeiros quilos;
- Se criou um curso para ajudar quem quer correr uma maratona, nas primeiras aulas ensine o seu cliente a melhorar a técnica de corrida.

Todos os materiais devem levar o aluno do ponto A ao ponto B. É preciso que ocorra uma transformação na vida dele depois de assistir ao seu curso, comprar seu checklist ou participar da sua mentoria.

Infelizmente, há muitos profissionais que vendem produtos digitais e não estão preocupados com isso. Apenas querem vender um produto e não estão atentos à experiência do aluno.

O que temos visto ao longo dos últimos anos é que apenas o profissional que se preocupa com seus alunos se mantém no mercado. Aqueles que querem apenas vender até podem conseguir alguns resultados em curto prazo, mas a longo prazo tendem a desaparecer.

Foque ser um profissional íntegro e que presta atenção na evolução dos seus alunos. Você não vai agradar a todos, mas, ao se preocupar com a experiência do aluno, terá uma quantidade maior de alunos satisfeitos.

CONCEITO DE MVP

Quando está criando o seu primeiro produto digital, é determinante não ficar parado por causa do seu perfeccionismo. A preocupação com a qualidade do seu produto é algo fundamental em qualquer negócio.

Porém, se essa preocupação está impedindo você de lançar o seu produto, ela já passa a ser um problema. Nesses casos, como resolver?

Você precisa aprender o conceito de MVP, o Mínimo Produto Viável (do inglês *Minimum Viable Product*). Ele é muito usado por startups para averiguarem se a ideia de negócio é válida ou não.

Para entender melhor, iremos dar o exemplo de um negócio físico. Imagine que você deseja abrir um restaurante, mas está indeciso se o local que escolheu é o melhor, se é um bom negócio e se você quer mesmo trabalhar com isso.

Em vez de investir milhões de reais na abertura de um restaurante enorme, você abre um menor, com um investimento mais reduzido. Depois, se esse mesmo restaurante com um tamanho menor começar a dar certo, você investe mais dinheiro na melhoria dele.

Ao inaugurar um restaurante menor para testar o modelo de negócio, esse empreendedor lançou um MVP.

Muitas empresas de tecnologia fazem isso; caso o produto se mostre rentável ou tenha o interesse do público, aí sim eles procuram investidores ou investem mais capital próprio para desenvolver a ideia.

Quando for criar o seu primeiro produto digital, não crie algo demasiado completo. Lance o seu produto em uma versão mais simples. Pode até cobrar um preço menor no início e depois ir reajustando à medida que o produto vai sendo elaborado.

Além de poupar tempo e fazer com que o lançamento no mercado seja mais rápido, vender um produto menor e mais barato irá permitir que mais pessoas o adquiram e que você receba mais feedbacks de alunos. Com mais feedbacks, você tem a possibilidade de melhorar o seu produto, podendo no futuro criar melhores ofertas e vendê-lo a um preço mais elevado.

Outra coisa importante é que nem sempre aquilo que você pensa que é o melhor para os seus alunos é realmente o que eles querem aprender. Já aconteceu nos nossos cursos de criarmos aulas que pensávamos que mudariam a vida dos alunos e, depois de aplicá-las, eles demonstrarem ter gostado mais de outras, às quais nem tínhamos dado tanta relevância.

Se quer trabalhar na internet, uma coisa que precisa ter em mente é que você está sempre em uma versão de teste. Tudo aquilo que você cria ou que aprendeu pode mudar a qualquer momento. O curso que você gravou pode ser regravado, ou mais aulas podem ser acrescentadas. O e-book que você escreveu pode ser atualizado. O checklist pode ter mais dicas com o passar do tempo.

Essa mentalidade é determinante para se atualizar e renovar como profissional. Empreendedores com uma mente fechada tendem a desaparecer, pois não se renovam e acabam ficando para trás. Lembre-se: você está sempre em uma versão de teste, em um processo de melhoria contínua.

> **VITÓRIAS SÃO CONQUISTAS QUE OS CONSUMIDORES DO SEU CONTEÚDO DEVEM CONSEGUIR ALCANÇAR. QUAL É A VITÓRIA QUE POSSO DAR A ELES LOGO NO COMEÇO DO PROCESSO?**

COMUNIQUE-SE COM O LEIGO

Outro cuidado que deve-se tomar na hora de criar o seu produto digital é se comunicar de um jeito que o público leigo compreenda o que você está querendo ensinar ou transmitir. Um dos erros que muitos profissionais cometem na hora de criar produtos ou produzir conteúdo é falar muitos termos técnicos, o que faz com que os espectadores não entendam e não se conectem ao conteúdo, deixando muitas vezes de ser um seguidor potencial daquele produtor de conteúdo.

Depois de fazer o seu mapa mental e começar a pensar em criar o seu produto, tenha um cuidado especial em transmitir toda a informação de forma simples e direta durante o processo. Repense sempre as palavras, mostre seu conteúdo a alguém leigo naquele assunto e pergunte o que ele entendeu.

Muitos produtores de conteúdo ficam preocupados com o que os colegas de profissão vão pensar sobre eles. Não se preocupe tanto assim. Lembre-se: o seu objetivo é ensinar pessoas com algum tipo de dificuldade a chegarem do ponto A ao B. Esteja focado.

Veja aqui um exemplo. Imagine que queremos falar com você sobre como ter mais sucesso no Instagram e, por isso, dizemos o seguinte:

"Você precisa responder rapidamente no direct, ter um script de vendas, pois dessa forma você aumenta a sua taxa de conversão."

Confuso para um leigo, certo? Agora, imagine que seja escrito da seguinte maneira:

"Você precisa responder rapidamente às mensagens no Instagram, preparar textos de venda, pois assim vai conseguir vender mais produtos."

Bem mais simples e fácil de entender.

QUAL PREÇO DEVO COBRAR PELO MEU PRODUTO?

Essa é uma das dúvidas mais comuns. Na hora de definir o seu preço, há algumas estratégias que podem ser aplicadas. A primeira é fazer uma pesquisa pelos valores que a concorrência está praticando. Analise se existem outras pessoas oferecendo cursos na sua área e quanto cobram pelo serviço.

Quando fizer isso, leve em consideração o tamanho do público dela e há quanto tempo está no mercado. Se você está começando agora, é muito provável que não possa cobrar o mesmo preço de alguém que tem mais de dez anos de profissão.

Outra estratégia que pode ser utilizada para definir o preço do seu produto é perguntar à sua audiência quanto eles estariam dispostos a pagar por um determinado curso oferecido por você.

Nós fizemos isso quando lançamos o treinamento "Stories que Vendem". Perguntamos à nossa audiência quanto eles estariam dispostos a pagar por um treinamento on-line sobre stories. Recebemos dezenas de respostas. O que fizemos depois foi muito simples: somamos todos os valores e dividimos pelo número de respostas. Pronto, tínhamos ali um valor médio de quanto as pessoas estariam dispostas a investir em um treinamento como aquele.

Para você ter uma noção melhor, vamos passar aqui alguns preços que costumam ser cobrados por produtos. Lembre-se de que isso é apenas uma base, não é nenhuma tabela de mercado que você precisa seguir. Trata-se de uma média dos valores que temos visto no mercado e há grandes chances de esses números mudarem ao longo dos anos:

- **E-books:** de 7 a 97 reais;

- **Cursos:** de 47 a 6 mil reais;
- **Aula ao vivo:** de 29 a 199 reais;
- **Checklists:** de 17 a 47 reais;
- **Acesso a grupos:** de 397 a 997 reais por ano;
- **Mentorias:** de 499 a 5 mil reais por mentoria;
- **Masterminds:** de 3 mil a 150 mil reais por ano;
- **Desafios:** de 147 a 2 mil reais.

Outra boa estratégia que pode ajudá-lo a definir o preço do seu produto é pensar: *Qual é o valor que a minha transformação oferece?* Iremos dar mais um exemplo. Imagine que você vende um curso para coaches, e esse mesmo curso vai permitir que seus alunos trabalhem como coaches quando finalizarem o curso. Como aqui há um ganho financeiro dos alunos no futuro, o valor a ser cobrado pode ser mais alto.

Já um curso que ensine alguém a meditar melhor ou a organizar a sua casa, apesar de ser capaz de mudar a vida dos seus alunos, não oferece um ganho financeiro direto após a finalização do curso; por isso, seu preço pode ser mais acessível, principalmente se o criador do curso ainda estiver em início de carreira.

Resumindo: a sua área de atuação pode permitir que cobre valores mais altos ou mais baixos, tudo vai depender do seu nível de credibilidade, poder de persuasão e do tamanho da transformação que você causa na vida das pessoas.

COMECE POR BAIXO

Se estiver começando a criar o seu primeiro produto digital e está com dúvidas quanto ao preço, uma boa estratégia é começar com um preço

COMO COMEÇAR A CRIAR O MEU PRODUTO DIGITAL?

> **EMPREENDEDORES COM UMA MENTE FECHADA TENDEM A DESAPARECER, POIS NÃO SE RENOVAM E ACABAM FICANDO PARA TRÁS. VOCÊ ESTÁ SEMPRE EM UMA VERSÃO DE TESTE, DE MELHORIA CONTÍNUA.**

mais baixo. Dessa maneira, vai atrair mais alunos e conseguir fazer um volume maior de vendas.

Com o passar do tempo, pode ir aumentando esse preço. Gostamos bastante de adotar essa estratégia, especialmente com produtos novos e sobre os quais não temos garantia de que a nossa audiência vai demonstrar tanto interesse.

Preferimos essa estratégia entre outros motivos porque o processo contrário é bastante complicado de ser feito. Começar com um produto mais caro e depois ir baixando o preço pode trazer sérios problemas, principalmente para alunos que compraram quando o preço estava mais elevado. Além disso, tal prática pode desvalorizar o seu conhecimento.

Se começar com um preço mais acessível e depois ir aumentando, a percepção que a sua audiência terá é a de que o seu trabalho está sendo valorizado, e isso é ótimo.

Depoimentos de alunos podem ajudá-lo a gerar mais valor ao produto e, consequentemente, justificar o aumento de preço. Por isso, é de extrema importância focar a transformação verdadeira dos seus alunos.

POR QUANTO TEMPO A PESSOA VAI TER ACESSO AO MEU CURSO?

O tempo de acesso ao curso é outra dúvida comum que os criadores de produtos digitais costumam ter. Durante quanto tempo o meu aluno deve ter acesso ao curso? A resposta é: depende de cada caso, mas a prática comum no mercado é dar dois anos de acesso aos alunos. Isso quando estamos falando de cursos. Produtos como e-books ou checklists são enviados para o comprador e ele vai ter acesso ao material sempre que quiser.

"Se eu comprar hoje, até quando vou ter acesso ao curso?" Essa é a pergunta que recebemos com mais frequência antes de as pessoas efetuarem a compra. Isso acontece porque muitos alunos adquirem um curso on-line, mas não podem assistir às aulas durante os dias seguintes à compra.

Outra coisa: não recomendamos que dê acesso vitalício aos seus cursos. Você nunca sabe o futuro, e assumir um compromisso desses pode gerar problemas lá na frente. Dois anos é um período mais do que suficiente para assistir a suas aulas e colocar em prática os seus ensinamentos.

E A PIRATARIA?

Infelizmente, em muitos negócios a pirataria é algo inevitável. E no ramo de produtos digitais ela é bem recorrente. Já aconteceu isso com nossos cursos. Ao longo do livro, iremos mostrar algumas ferramentas que utilizamos e que trazem mais segurança aos nossos produtos, mas elas não são 100% à prova de pirataria.

Do nosso ponto de vista, preferimos pensar que quem compra algum produto pirata jamais teria a mentalidade equivalente ao perfil de nossos alunos. Alguém que acompanha o nosso trabalho e não está disposto a investir entre 47 a 497 reais para aprender diretamente conosco não é o nosso público-alvo.

Além disso, quem compra os nossos cursos tem suporte e acesso às futuras atualizações que oferecemos, algo que não fica disponível para quem opta por adquirir o produto pirata.

Mas esse problema só ocorre no caso de cursos, e-books ou checklists. Mentorias, aulas ao vivo ou grupos fechados não enfrentam tais dificuldades, e podem ser boas opções de produtos digitais, caso a pirataria seja algo que lhe cause um real incômodo.

Uma forma de evitar a pirataria é criar materiais que possam ser veiculados em outros canais que não o ambiente do treinamento, por exemplo, uma lista de WhatsApp, ou oferecidos apenas aos alunos que cumprirem determinados desafios. Assim, você evitará que materiais estratégicos cheguem aos "piratas" do mercado. Experiências como aulas ao vivo ao longo do treinamento também ajudam a evitar esse tipo de problema.

> **UMA BOA ESTRATÉGIA QUE PODE AJUDÁ-LO A DEFINIR O PREÇO DO SEU PRODUTO É PENSAR: QUAL É O VALOR QUE A MINHA TRANSFORMAÇÃO OFERECE?**

COMEÇANDO A ORGANIZAR O SEU PRODUTO: ESTÁ SEM IDEIAS DO QUE CRIAR?

Já falamos aqui sobre os mapas mentais e como eles são importantes para organizar as ideias que você já tem. Mas e se você está sem ideias? Sem saber quais conteúdos e produtos criar? Quais aulas gravar? Há algumas estratégias que podem ser aplicadas e que vão o ajudar a ter várias ideias de possíveis produtos digitais.

DÚVIDAS QUE AS PESSOAS DEIXAM PARA VOCÊ

A melhor forma de perceber o que as pessoas precisam é ouvir a sua audiência. Quais dúvidas as pessoas deixam para você no privado? Quando você recebe e-mails com dúvidas, quais são elas? E nos comentários das suas publicações, quais são as questões mais comuns?

Use essas perguntas para criar produtos e conteúdos a partir delas. Você não precisa inventar a roda. As dúvidas que as pessoas lhe enviam é um caminho pavimentado. Observe a seguir alguns exemplos.

LUCIANO LARROSSA: Durante muitos meses a minha audiência me perguntava sobre como fazer anúncios para o Messenger do Facebook. Queriam saber como levar pessoas do anúncio pago para o Messenger e assim fazer a venda. O que eu fiz? Criei um curso que ensina a fazer anúncios para o Messenger, WhatsApp e direct do Instagram.

Percebi que as vendas por meio de aplicativos de mensagens estavam crescendo e que havia uma forte procura por isso. Em apenas quatro dias conseguimos quase 400 alunos para o curso "Anúncios para Mensagens".

ANA TEX: Sempre fui uma pessoa que gosta bastante de fazer vídeos, e fiz vários testes quando os celulares começaram a ser usados para a criação de vídeos para a internet. Muitas pessoas me perguntaram como eu fazia aquilo. Por causa disso, criei o treinamento "Videotex", em que ensino as pessoas a criarem vídeos de qualidade e bem-editados pelo celular.

VÍDEOS MAIS VISTOS DO YOUTUBE

Na sua área de atuação, quais são os vídeos mais vistos no YouTube? Quais os que geram mais visualizações e comentários? Se algo é muito visualizado e comentado no YouTube, significa que as pessoas que se interessam pela sua área estão pesquisando sobre isso. E se elas estão fazendo a busca é porque precisam resolver um determinado problema.

Se elas pesquisam sobre esse tema, o que vai acontecer se você apresentar um produto que resolva o problema delas? A chance de elas comprarem será maior!

Por exemplo, imagine que você trabalha com envio de produtos físicos pelo correio. Um dia você repara que há vários vídeos no YouTube, com milhares de visualizações, que prometem resolver o problema do envio de produtos.

COMEÇANDO A ORGANIZAR O SEU PRODUTO: ESTÁ SEM IDEIAS DO QUE CRIAR?

Você pode criar um produto em que você explica passo a passo ao aluno como resolver esse problema e ainda oferece suporte a ele, algo que um vídeo no YouTube dificilmente fará.

GOOGLE

Quando começar a trabalhar com o mercado digital, você vai perceber que o Google pode ser o seu maior amigo durante grande parte do tempo. Além de tirar dúvidas, ele ainda é uma ótima fonte para ideias de problemas que um novo produto ajudaria a resolver.

Para isso, basta fazer uma pesquisa sobre a sua área de atuação. Depois, o próprio Google mostra pesquisas semelhantes ou complementares àquela que fez.

Por exemplo, imagine que você trabalha como cozinheiro. Agora, veja esta pesquisa sobre "Como fazer...":

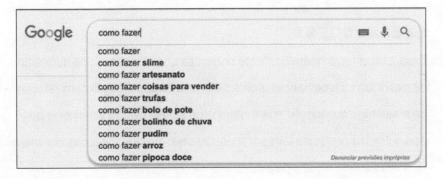

Aqueles resultados que aparecem abaixo do texto digitado são as pesquisas feitas pela maioria das pessoas quando elas começam a escrever "Como fazer". Como fazer trufas, bolo de pote, bolinho de chuva etc.

Essas são ideias de cursos ou temas de aulas que podem compor o seu produto digital. A pergunta também pode variar, para abranger outras pesquisas. Se escrever "Como cozinhar" ou "Como preparar", certamente virão outras ideias.

Além do Google, o próprio YouTube também tem a sua própria sugestão de pesquisa. Quando você procura algo, o YouTube também mostra pesquisas complementares.

LIVROS

Os livros da sua área de atuação podem ser excelentes fontes de inspiração para o seu produto digital. Antes de criarmos produtos digitais, uma das fontes de inspiração que mais utilizamos são os livros. Vemos sobre aquilo que os autores escrevem, o modo como explicam e os exemplos que dão, e isso nos ajuda a ter ideias de conteúdos e cursos. O ponto aqui é pensar apenas em ideias para utilizar como inspiração, jamais copiar o conteúdo. Afinal, isso é plágio.

UBERSUGGEST

Essa é uma ferramenta bastante poderosa que também faz a sugestão de pesquisas semelhantes. Porém, ela leva uma vantagem em relação às sugestões do Google: nos mostra uma estimativa do volume de buscas que essa pesquisa tem por mês. Ou seja, quantas pessoas por mês têm pesquisado aquela palavra-chave.

Veja aqui o mesmo exemplo que usamos anteriormente.

COMEÇANDO A ORGANIZAR O SEU PRODUTO: ESTÁ SEM IDEIAS DO QUE CRIAR?

REGRAS DE PALAVRA-CHAVE   SUGESTÕES | RELACIONADAS

PALAVRA-CHAVE	TENDÊNCIA	VOLUME	CPC	PD	SD
como fazer		450.000	R$ 0,43	1	48
como fazer slime		246.000	R$ 0,17	2	43
como fazer panqueca		135.000	R$ 0,14	14	47
como fazer pipoca doce		110.000	R$ 0,46	1	35
como fazer arroz		90.500	R$ 0,44	10	44
como fazer bolo de cenoura		74.000	R$ 0,17	5	29
como fazer molho branco		74.000	R$ 0,19	8	30

Repare como ele mostra o volume de pesquisas por mês. Isso nos dá uma noção melhor se há muita procura ou não sobre o tema que estamos pensando em desenvolver em nosso curso.

VAMOS EM FRENTE?

Com essas ferramentas, você irá se sentir mais seguro para ter ideias de cursos e aulas que pode criar. A nossa recomendação é que utilize essas possibilidades de pesquisa e coloque todas as suas ideias em um mapa mental. Com isso, você pode escolher com mais segurança o tema do seu produto digital e começar a trabalhar nele.

> **QUAIS DÚVIDAS AS PESSOAS DEIXAM PARA VOCÊ NO PRIVADO? QUANDO VOCÊ RECEBE E-MAILS COM DÚVIDAS, QUAIS SÃO ELAS? QUAIS SÃO AS QUESTÕES MAIS COMUNS?**

CRIANDO OS PRODUTOS

Já vimos aqui a importância do nicho e já pensamos em algumas estratégias para escolher o tema do seu produto digital.

Se já chegou até aqui, parabéns! Já deu passos importantes e chegou aonde a maioria das pessoas não chega.

Agora está na hora de colocar a mão na massa: é hora de começar a criar o seu produto!

Notamos que há diversos formatos de produtos que podem ser criados. Para ter ideia de como fazer cada um deles, vamos dar algumas dicas daquilo que fazemos na hora de criar os nossos produtos digitais.

COMO ESCREVER SEUS E-BOOKS?

Se você gosta de escrever, os e-books são a melhor forma de criar o seu primeiro produto digital. Isso porque o trabalho com eles é iniciado de forma extremamente rápida: basta abrir um processador de texto e começar a escrever.

Quando publicamos os nossos primeiros e-books usávamos o famoso Word. Depois, passamos a usar o Google Docs. A vantagem do Google Docs é que é uma ferramenta mais simples, que facilita o trabalho em equipe, pois permite a edição on-line e simultânea, independentemente do sistema operacional do usuário. Muitas pessoas que usam Mac, por exemplo, não têm nem sequer o Word instalado, e isso pode complicar na hora de organizar um e-book.

O Google Docs é usado no navegador e tudo fica guardado em uma nuvem. Isso significa que, em qualquer computador, basta fazer login na sua conta do Google Drive — que é a plataforma em que ficam salvos os arquivos do Google Docs — e o seu arquivo estará disponível para você dar sequência à escrita.

Não cometa o erro de escrever o seu e-book em um documento Word que fique guardado apenas em seu computador. Se houver algum problema com o seu computador e tudo precisar ser apagado, você perderá todo o seu material. Já se usar o Google Docs, ele estará seguro. Afinal, como já dissemos, estará guardado em uma nuvem.

LUCIANO LARROSSA: Atualmente, para escrever os meus livros eu uso o software Ulysses, que funciona apenas nos suportes da Apple. Ele facilita bastante a escrita e fica sincronizado ao meu iPhone e iPad. Mas, durante anos, escrevi no Google Docs e ele é mais do que suficiente para publicar os seus primeiros e-books. Se utiliza Windows, o software Scrivener é uma opção interessante e mais avançada.

Outro detalhe importante é referente ao tamanho do e-book. Não existe um número mínimo de páginas que ele pode ter. Porém, lembre-se do que falamos anteriormente: ele tem que provocar uma transformação em que o lê e levar a pessoa do ponto A ao ponto B.

> **NÃO EXISTE UM NÚMERO MÍNIMO DE PÁGINAS QUE O SEU E-BOOK PODE TER. ELE TEM QUE PROVOCAR UMA TRANSFORMAÇÃO EM QUEM O LÊ E LEVAR A PESSOA DO PONTO A AO PONTO B.**

Olhar atento à revisão

Depois de escrever o seu e-book, chegou a hora de fazer uma nova leitura do texto. Nesse momento, é essencial que sejam conferidos os erros ortográficos. Porém, talvez você não seja a melhor pessoa para essa tarefa, até porque você já passou várias horas olhando para o texto e não vai reparar tão facilmente nos erros.

Nesse caso, você pode apresentar esse material a outras pessoas e pedir que elas apontem correções gramaticais durante a leitura. Contudo, o procedimento mais indicado é a contratação de um revisor, profissional com formação específica na área das Letras e que, portanto, está habilitado para atender a essa demanda.

Pedir para alguém ler o seu e-book de modo informal traz algumas desvantagens. A primeira, envolve o fato de não ser um profissional da área, de modo que alguns erros podem não ser identificados. Outra, é a questão dos prazos: muitas pessoas podem se dispor a revisar o conteúdo, mas talvez demorem meses para concluir a leitura, e isso certamente pode prejudicar seu timing.

A nossa recomendação é a seguinte: se não puder pagar um revisor, peça a uma ou duas pessoas da sua confiança para ler o texto e dar um feedback. Além disso, defina um prazo para que elas lhe entreguem a leitura com os devidos apontamentos.

E o design?

Após ter o seu livro escrito e relido, chegou a hora da diagramação. Se você não tiver conhecimentos de design, não recomendamos que tente fazer sozinho a diagramação e a capa do e-book. O ideal seria contratar um designer. Para isso, você pode consultar alguns sites, como Workana, Freelancer.com ou Getninjas, em que é possível buscar por profissionais que diagramem e-books.

Depois do seu e-book diagramado, você terá ele em formato PDF, ePUB e/ou MOBI. Pronto, cada vez que alguém comprar o seu e-book, ele receberá no e-mail o livro em formato digital.

Sobre como vender, estratégias de vendas e como ter uma página de vendas, falaremos mais à frente.

COMO GRAVAR CURSOS ON-LINE?

Se você está pensando em elaborar um curso on-line, fique sabendo que esse é o formato mais comum de produtos digitais. São aulas previamente gravadas as quais o aluno pode assistir a qualquer momento.

Se você já organizou o seu mapa mental com todas as aulas que vai produzir, o passo seguinte é começar a gravação. Os cursos gravados geralmente têm dois formatos:

- **Gravação da tela do computador em que o professor mostra as etapas de como fazer algo:** o rosto do professor pode aparecer ou

não, mas quando aparece geralmente é em um canto da tela, visto que o foco é a gravação da própria tela. É mais utilizado em áreas de tecnologia ou que necessitem a apresentação de recursos visuais, como slides ou mapas mentais.
- **Gravação do próprio professor:** aqui o foco é o professor falando e a câmera estará fixada nele e no conteúdo transmitido.

Não há uma opção ideal, isso vai depender muito de você. Qual formato é melhor para passar a sua informação? Qual formato deixa você mais à vontade para gravar as suas aulas?

Durante os últimos anos gravamos milhares de horas de aulas e temos alguns conselhos para você que está gravando o seu primeiro curso. São pequenos detalhes, mas que fazem toda a diferença:
- Não fique demasiado preocupado com a qualidade da gravação e com a edição das aulas. As pessoas estão lá para aprender com o seu conteúdo. Obviamente, o conteúdo gravado tem que permitir que as pessoas aprendam. Porém, se você está perdendo muito tempo com a edição e gravação, talvez signifique que está preocupado com detalhes que não são tão relevantes assim.
- O som é um dos elementos mais importantes. Você pode ter a imagem perfeita, mas se o som estiver ruim, os seus alunos não vão entender o que está dizendo. Para gravar o som com uma qualidade razoável, o microfone que vem com o fone de ouvidos do celular é suficiente. Contudo, se quiser melhorar a qualidade do áudio, você pode usar um microfone de lapela.
- Durante a gravação, é normal se enganar com alguns termos técnicos, ou não conseguir explicar tudo de forma contínua. Não

se preocupe tanto com isso. Você não precisa dar uma aula on-line como se estivesse lendo um teleprompter. Pareça o mais natural possível.

Se decidir gravar a si mesmo e dar a aula com a câmera filmando diretamente você, saiba que não são necessários acessórios extremamente complexos. Todos os nossos vídeos de YouTube ou videoaulas são gravados com três materiais bem simples: um celular, um tripé e um microfone de lapela.

Obviamente, o seu celular precisa ter uma boa qualidade de câmera, mas isso não é nada que os smartphones não tenham hoje em dia. Depois, você vai precisar de um tripé básico para segurar a sua câmera e um microfone de lapela simples.

Muitas vezes, vimos empreendedores perdendo horas e horas gravando aulas. Usam duas câmeras, contratam alguém para gravar, escrevem toda a aula para depois lerem no teleprompter etc.

Esqueça isso!

A nossa recomendação é que você se mantenha simples e ágil. Se usar, por exemplo, duas câmeras, provavelmente vai perder o dobro de tempo editando o vídeo. E sabe qual o ganho que isso vai ter para a experiência do aluno? Muito pouco. É preferível que você garanta agilidade no trabalho, gravando e lançando cursos com mais facilidade, a ter um trabalho engessado cujo preparo demore várias semanas.

No nosso caso, por exemplo, praticamente já não editamos os vídeos das aulas. Gravamos a aula de forma sequencial, retiramos alguns tempos mortos no início e no fim e publicamos. Sei que já temos anos de experiência e que isso ajuda. Mas se tivéssemos em nossas mãos um livro como este quando começamos, provavelmente teríamos poupado várias horas de gravações complexas que exigiram muito do nosso esforço e que, no fim, não trouxeram o resultado que queríamos.

Outro detalhe que é preciso levar em consideração é que essas decisões também vão depender de área para área. Se você é um cozinheiro, por exemplo, e quer mostrar como preparar determinados pratos, o trabalho de gravação e edição já será um pouco maior, pois precisa focar várias vezes alimentos específicos ou mostrar ângulos diferentes.

Se for gravar a tela do computador, os conselhos são outros. Em primeiro lugar, é importante escolher um bom software de captação de tela. Os que recomendamos são o ScreenFlow (Mac) e o Movavi (Mac e Windows). Com esses softwares você consegue gravar a sua tela, aparecer durante a aula, caso pretenda, e ainda editar a aula.

Se você precisa mostrar a tela do seu computador enquanto grava a aula, há outras ferramentas que podem ajudá-lo. Nós usamos o aplicativo Reflector. Com ele, basta ter o software instalado no computador e conectar o celular e o computador ao mesmo sinal de Wi-Fi.

> **NÃO HÁ UMA SOLUÇÃO IDEAL, ISSO VAI DEPENDER MUITO DE VOCÊ. QUAL FORMATO É MELHOR PARA PASSAR A SUA INFORMAÇÃO? QUAL FORMATO DEIXA VOCÊ MAIS À VONTADE PARA GRAVAR AS SUAS AULAS?**

A partir daí, basta conectar ambos por meio da rede e a tela do seu celular é espelhada na tela do computador.

Usar ou não usar slides? Essa é outra pergunta que muitas pessoas fazem na hora de gravar suas aulas. A criação de slides demanda bastante tempo. Muitas vezes, o tempo de criação dos slides é maior do que o tempo gasto na gravação das aulas.

No início, usávamos slides nas nossas aulas, mas como o nosso objetivo sempre foi encontrar uma forma de deixar o trabalho mais ágil e manter a boa experiência do aluno, com o tempo fomos deixando-os cada vez mais de lado.

Passamos a usar mapas mentais e exemplos práticos durante as gravações. Se conseguir fazer isso, perfeito. Mas se precisar de slides para auxiliá-lo nas suas primeiras gravações, não há nenhum problema.

Contudo, independentemente do formato de aulas que vai gravar, uma coisa é certa: você vai ter que disponibilizar esses vídeos em algum lugar para que eles sejam assistidos por seus alunos.

Muitos profissionais optam por colocar seus vídeos no YouTube. Depois, configuram-no com o modo não listado, para apenas os usuários que receberem o link de acesso ao vídeo possam visualizá-lo. Não é como um vídeo público do YouTube, que pode ser encontrado e todos podem vê-lo.

Será essa uma boa opção? Digamos que quebra o galho. Porém, ela tem algumas desvantagens. Em primeiro lugar, porque os vídeos do YouTube, mesmo os não listados, podem ser passados para outras pessoas sem grandes dificuldades, o que facilita a pirataria. Além disso, quem está assistindo às suas aulas pode clicar no logo do YouTube e ser redirecionado para a página inicial da plataforma. E, depois de estar no YouTube, esse aluno vai acessar diversos vídeos relacionados ao tema (lembra-se da bolha?), principalmente de concorrentes, o que pode atrapalhar os seus estudos.

Nós usamos a versão para o Vimeo. Ela custa cerca de 150 dólares por ano e permite que o aluno fique em um ambiente isolado. No Vimeo, configuramos para que o aluno tenha apenas três possibilidades de acesso: dar play, andar para trás ou para a frente no vídeo e aumentar ou baixar o volume. Dessa maneira, ele fica mais focado na aula.

Se você quiser fazer seu primeiro curso on-line e deixar as aulas no YouTube não há problema algum. É um teste. Porém, nós recomendamos o Vimeo. E nada impede que as suas aulas não possam ser publicadas no YouTube hoje e, no futuro, transferidas para o Vimeo. Lembre-se: você está sempre em uma versão de teste.

COMO CRIAR AULAS AO VIVO?

Vamos agora para a terceira forma de rentabilizar o seu conhecimento on-line: as aulas ao vivo. Nelas, você vende o acesso para que um pequeno grupo de pessoas possa assistir à sua aula. É como se fosse uma palestra ou treinamento, só que ao vivo e on-line.

O primeiro detalhe é a duração. Quanto tempo deve durar uma aula ao vivo? Não há limite para isso. Normalmente, as aulas ao vivo acabam durando entre duas e três horas. Porém, já vi profissionais fazerem aulas de quatro horas ou vendendo um conjunto de quatro aulas ao vivo, por exemplo.

A principal pergunta que você deve se fazer é: quanto tempo eu preciso para levar o meu aluno do ponto A ao ponto B? Se precisar de apenas duas horas, está ótimo. Se precisar de mais, também não há problema algum.

E como você dá essa aula? Mais uma vez há ferramentas que podem ajudá-lo e muito! A opção mais comum é o YouTube. No mesmo formato das aulas gravadas, você pode fazer uma transmissão ao vivo por essa plataforma e enviar o link de acesso apenas para quem pagou a inscrição. Porém, existe a desvantagem de estar em um ambiente menos personalizado e com outros vídeos ao redor.

Outra opção interessante é o WebinarJam. Essa ferramenta permite que você crie uma sala virtual, na qual só podem entrar as pessoas inscritas. Ali, cria-se um ambiente bastante focado na aula. Além de assistir, os alunos podem tirar dúvidas e, caso queiram, ver o replay da aula. O custo dessa ferramenta é de cerca de 40 dólares mensais.

Por último, mas não menos poderoso, outra ferramenta que recomendamos é o Zoom (www.zoom.us), que cria um ambiente mais íntimo, no qual os alunos podem, a qualquer momento durante a aula, abrir o microfone para conversar com você ou compartilhar a própria tela. Se quiser, o Zoom também pode funcionar apenas como um canal para os alunos assistirem ao que você está dizendo.

O Zoom permite o acesso de até 100 pessoas ao vivo em sua aula. Ele permite a gravação da aula e não há limite predeterminado de tempo. O valor é de cerca de 150 dólares por ano. Além de aulas ao vivo, o Zoom também é muito utilizado para reuniões on-line de equipes.

Outra opção é o GoToMeeting. Essa ferramenta já está há muitos anos no mercado e é bastante similar ao Zoom, porém, tem uma limitação maior de participantes. O seu plano com valor mais baixo – 24 dólares mensais – permite que se dê aulas para no máximo 10 participantes.

As ferramentas que mencionamos aqui são as mais utilizadas atualmente. Você não precisa usar todas elas. Basta escolher qual se adequa mais ao seu negócio.

CRIANDO OS PRODUTOS

> **QUANTO TEMPO DEVE DURAR UMA AULA AO VIVO? NÃO HÁ LIMITE PARA ISSO. NORMALMENTE, AS AULAS AO VIVO ACABAM DURANDO ENTRE DUAS E TRÊS HORAS.**

E se você usar slides, quais as ferramentas mais recomendadas? Neste ponto não há muito o que inventar. Sabemos que o Power Point, que já vem instalado na maioria dos computadores, é um dos softwares mais comuns. Uma ferramenta que gostamos bastante e que não dispensamos nessas horas é o Keynote. Há também o Google Slides, que é um pouco mais limitado, mas que traz a vantagem de salvar as apresentações automaticamente na conta de seu Google Drive, tal como ocorre com o Google Docs.

COMO CRIAR CHECKLISTS?

Os checklists também são extremamente simples de serem feitos. Como os e-books, os checklists também podem ser feitos no Google Docs. Depois de terminado o checklist, pode-se gerar um PDF a partir do arquivo inicial.

Outra opção é formular os passos desse mesmo checklist e passar para um designer diagramá-lo. Se você não tem muitas noções de design, recomendamos que contrate um profissional que possa fazer seu checklist ganhar um layout mais atraente. É algo rápido de ser feito. E, afinal de contas, estamos falando de um produto pago. É importante que você apresente algo com uma imagem profissional.

COMO CRIAR ACESSOS A GRUPOS?

Os grupos geralmente são gerenciados em três plataformas: Facebook, Telegram ou WhatsApp. Quando você vende o acesso a um grupo, você não está vendendo o grupo em si, mas sim o seu tempo e a possibilidade de esse aluno estar em contato com outros empreendedores.

Os grupos de Facebook tendem a ser os mais usados para essas situações. Isso porque essa rede social tem mais funcionalidades, como aulas ao vivo, enquetes, possibilidade de pesquisa etc. Os grupos de WhatsApp facilmente podem se tornar locais com centenas de mensagens, o que é ruim para a experiência de quem compra.

É importante que, caso venda o acesso ao grupo, você publique conteúdo constantemente por lá e que seja proativo na hora de tirar as dúvidas dos alunos. Os grupos podem ser ótimas ferramentas para ajudar pessoas. Ofereça aulas ao vivo, disponibilize e-books gratuitos exclusivos para membros do grupo e faça posts com dicas úteis. Transforme o seu grupo pago em um ambiente de constante aprendizado.

COMO CRIAR DESAFIOS

Como já vimos, nesse formato os alunos recebem um desafio que tem um determinado período de tempo. O objetivo é que, ao fim desse período, eles consigam superar o desafio proposto. Em geral, esses desafios têm entre 15 e 30 dias. Durante esse período, as dicas são enviadas quase diariamente por meio do WhatsApp.

É possível fazer esses envios por meio de listas de transmissão. As listas do WhatsApp, ao contrário dos grupos, permitem o envio de uma mensagem para um grande número de pessoas, mas cada pessoa que recebe irá ver uma mensagem individual. É como se disparasse um e-mail para centenas de pessoas, e cada uma delas recebesse uma mensagem individual.

É um formato interessante, pois aproxima bastante o aluno do professor. Além das dicas, é comum que os desafios também ofereçam algumas aulas gravadas, acesso a dúvidas ou aulas ao vivo para complementar a informação.

COMO CRIAR MENTORIAS?

As mentorias, geralmente, funcionam da seguinte forma: um mentor oferece conselhos aos seus alunos durante um período de tempo, que costuma ser de seis meses a um ano. Durante esse período, o aluno tem acesso ao mentor para tirar dúvidas, ter consultoria e ainda pode participar de alguns eventos presenciais, apesar de isso não ser obrigatório.

Na mentoria há um acompanhamento personalizado, e os conselhos são dados conforme o negócio e a necessidade de cada mentorado. Os grupos de Facebook e WhatsApp são comumente usados para se manter o acompanhamento dos alunos.

A diferença das mentorias para a venda de um grupo, por exemplo, é que as mentorias incluem eventos presenciais e reuniões on-line. Isso justifica o fato de também serem mais caras.

COMO CRIAR MASTERMINDS?

Os masterminds são parecidos com as mentorias, mas com uma diferença: enquanto na mentoria o foco está no aluno aprender com o mentor, o mastermind funciona mais como um grupo que troca ideias entre si. Obviamente, há uma figura central – o organizador do mastermind –, mas a principal função dele é utilizar o conhecimento para potencializar o crescimento do grupo.

Esses grupos mantêm contato via WhatsApp, mas, geralmente, o ponto alto são os encontros presenciais. Algumas vezes por ano o grupo se reúne para compartilhar as estratégias que têm usado e os resultados obtidos.

COMO CRIAR ACOMPANHAMENTO OU CONSULTORIAS?

O acompanhamento é algo mais individual. Em vez de ter um grupo, ele acontece apenas entre o mentor e uma única pessoa. É comum que haja uma troca de contatos diretos – geralmente via WhatsApp –, para que o aluno possa tirar dúvidas com o professor de modo mais dinâmico.

Esse método não exige encontro presencial, mas é, sem dúvida, um pouco mais trabalhoso, pois demanda o acompanhamento um a um. Apesar disso, também oferece uma boa experiência ao aluno, que tem uma relação mais próxima com seu professor/consultor.

Aqui, você está vendendo tempo e conhecimento, e os principais benefícios para o aluno são as dicas personalizadas e respostas individualizadas.

A ESCOLHA É SUA

Agora que já viu como funciona na prática cada um dos produtos digitais que podem ser criados, chegou o momento de escolher qual deles você vai desenvolver. Lembre-se de que todos eles têm vantagens e desvantagens. O acompanhamento, por exemplo, não é escalável. Porém, garante resultados melhores aos seus alunos, pois vocês ficam mais próximos um do outro. Já o checklist, é rápido de ser produzido, mas o valor a ser cobrado por ele nunca pode ser muito elevado.

Na hora de escolher qual produto digital você irá desenvolver, analise também aquilo que você mais gosta de fazer. Prefere gravar aulas ou estar em contato constante com os alunos? Prefere o texto escrito ou o audiovisual? Isso vai influenciar bastante no sucesso do seu produto.

Claro que a sua preferência não determina que você deva usar apenas as opções que apresentamos. Se na sua área de negócio for possível elaborar um produto digital em um formato diferente daqueles de que falamos, experimente fazê-lo. Nada o impede de, por exemplo, criar um podcast privado e cobrar para as pessoas ouvirem as suas dicas. Nesse caso, não mencionamos esse formato porque não temos experiência com ele. Mas se ele fizer sentido para você, por que não testar?

Nos próximos capítulos falaremos sobre as estratégias de venda e sobre como podemos entregar alguns desses produtos para a sua audiência.

> **ANALISE AQUILO QUE VOCÊ MAIS GOSTA DE FAZER. PREFERE GRAVAR AULAS OU ESTAR EM CONTATO CONSTANTE COM OS ALUNOS? PREFERE O TEXTO ESCRITO OU O AUDIOVISUAL?**

COMO ENTREGO OS MEUS MATERIAIS?

Imagine que alguém comprou um produto digital produzido por você. Como essa pessoa vai receber o seu produto? Se for um e-book ou checklist, esse material é enviado diretamente para o e-mail dela. A partir daí ela pode lê-lo por meio de dispositivos de leitura para e-books.

E no caso dos cursos? Como já vimos, as aulas podem ser armazenadas no Vimeo ou no YouTube. Mas, e se o curso for composto por 30 aulas, você vai enviar ao aluno 30 links de vídeos do Vimeo para assistir? Não faz sentido, certo?

Para organizar essas aulas, você precisa de uma área de membros. Nesse área, irão ficar as aulas relativas ao curso e, com isso, o aluno pode visualizar os materiais de maneira organizada.

Após a compra de um curso on-line, geralmente, os alunos recebem em seu e-mail um login e uma senha para entrar na sua área de membros. Lá dentro, eles verão todas as aulas relativas ao curso. Essas aulas ficam organizadas por uma sequência lógica. Essa é uma maneira de melhorar a experiência do aluno: com um simples login ele pode ver o curso ou todos os cursos que comprou.

Mas como criar uma área de membros? Para isso, você irá precisar de uma ferramenta externa. No nosso caso, utilizamos a área de membros Apollo. Ela é bem-organizada e dispõe de vários elementos que nos agradam, por exemplo:

- Quando o aluno compra um curso, ele tem acesso à uma vitrine de produtos na qual pode visualizar todos os cursos que temos à venda;
- O aluno pode deixar dúvidas sobre as aulas de forma extremamente simples;
- A plataforma apresenta um design limpo e de fácil navegação.

O Apollo tem um custo de aproximadamente 1.500 reais por ano, mas sem dúvida vale a pena.

Se não quiser pagar, pode usar o Nutror, uma área de membros da Eduzz – iremos falar mais detalhadamente sobre essa empresa mais à frente – na qual você também pode inserir videoaulas. Essa plataforma é gratuita e funciona muito bem.

COMO FICA O SUPORTE?

Depois de assistirem às aulas, os alunos possivelmente ficarão com dúvidas, e é importante que você responda a elas o quanto antes. A diferença em fidelizar o aluno passa quase 100% das vezes por um bom atendimento no suporte.

Para oferecer suporte aos alunos há várias possibilidades. A mais comum é por meio da própria área de membros. Todas que citamos anteriormente possuem, logo depois de cada aula, uma opção para o aluno deixar um comentário.

Mas se não quiser ter o comentário abaixo das aulas, pode deixar o seu e-mail como um canal de comunicação para esclarecer as dúvidas.

COMO ENTREGO OS MEUS MATERIAIS?

> **NÃO DEIXE QUE OS ALUNOS TIREM DÚVIDAS EM VÁRIOS CANAIS AO MESMO TEMPO, VOCÊ PODERÁ DEIXAR ALGUMA PARA TRÁS PELA FALTA DE TEMPO PARA GERENCIAMENTO DE MÚLTIPLOS CANAIS.**

Há quem use o WhatsApp como canal de suporte, mas, sinceramente, não recomendamos. O WhatsApp é uma ferramenta que permite áudios e ligações, e muitos alunos acabam abusando desse tipo de funcionalidade. Talvez não seja um problema usar o WhatsApp para essa tarefa com os seus primeiros alunos, mas pense quando houver 100 ou 1.000 deles. Se tornaria humanamente impossível oferecer suporte a todos por meio dessa ferramenta.

O determinante é tentar dar suporte em no máximo um ou dois canais. Se permite que os seus alunos tirem dúvidas em vários canais ao mesmo tempo, você poderá deixar alguma para trás pela falta de tempo para gerenciamento de múltiplos canais. Quando as dúvidas estão em um mesmo canal, ou no máximo em dois, é muito mais produtivo para você resolver as pendências diárias.

Nós, por exemplo, disponibilizamos e-mail e o direct do Instagram como canais de dúvidas para nossos alunos.

PUBLICAÇÃO DO PRODUTO E FORMAS DE PAGAMENTO

Agora chegou o momento de você entender como alguém pode comprar algo que você produziu on-line. Para explicarmos melhor, utilizaremos o exemplo de um negócio que opera normalmente em loja física.

Imagine que você vende celulares. Como funciona o processo de compra? O cliente entra na sua loja, diz que quer comprar um modelo de celular e depois paga com dinheiro ou cartão.

Mas no mundo digital, você não está lá para receber o dinheiro, nem fornecer a máquina para ele passar o cartão. Então, como funciona?

No ambiente on-line, para alguém comprar algo de você é necessário ter aquilo que é chamado de checkout. O checkout é o momento em que o cliente coloca os dados do cartão para comprar algo na internet. Veja a seguir um exemplo.

Se você for a um site de vendas on-line verá que o último passo será sempre o checkout. Lá, ele irá pedir diversos dados do comprador, entre os quais o número do cartão de crédito, código de segurança, endereço, CPF etc.

Com o seu produto digital a lógica é a mesma: é preciso haver o checkout para que alguém possa comprar o seu produto. E para ter um checkout você precisa "criar" o seu produto primeiro.

O processo funciona da seguinte forma:

- Passo 1: você gera o seu produto em uma plataforma (falaremos das opções mais adiante);
- Passo 2: após ter o seu produto aprovado, você recebe o direito de ter um checkout para a venda daquele produto;
- Passo 3: você pode começar a divulgar o seu produto e a receber pelas vendas.

Há várias plataformas que permitem a criação do seu produto digital e o acesso a um checkout para a venda. Todas as empresas que fornecem o checkout funcionam da seguinte maneira: elas possibilitam que você crie um produto e utilize a plataforma de pagamento, mas cobram entre 5% e 10% de cada venda realizada.

Apesar de o percentual parecer alto, é importante salientar que uma empresa como essa não faz apenas o trabalho de permitir que a pessoa adquira o seu curso ou e-book, ela evita que haja fraude nas tentativas de compra dos seus materiais, garante quase 100% que a forma de pagamento não fique off-line e prejudique as vendas e disponibiliza ao comprador diversas formas de pagamento, inclusive a possibilidade de parcelamento.

Iremos falar a seguir sobre algumas das melhores opções do mercado brasileiro.

EDUZZ

É a empresa que usamos nos nossos produtos. A Eduzz cobra 4,9% (mais 1 real) por transação. Quando o aluno compra um produto que você criou na Eduzz, ele automaticamente recebe o acesso à área de membros do Nutror e começa a assistir à suas aulas.

O suporte da Eduzz é excelente, e eles estão sempre dispostos a ajudar os novos produtores. Além disso, conta com várias vertentes educacionais, com o objetivo de auxiliar profissionais que estão criando os primeiros cursos on-line.

HOTMART

Plataforma de grande expressão no mercado, a Hotmart cobra 9,99% (mais 1 real) por transação. Ela permite que sejam criados produtos rapidamente; seu design é excelente e a plataforma é bastante segura.

É também proprietária do Hotmart Club, uma área de membros parecida com as que nos referimos anteriormente. Porém, para poder utilizá-la, é preciso usar o checkout do Hotmart, visto que, por mês, é possível inserir apenas cinco alunos que não tenham efetuado a compra pela plataforma.

Sediada em Belo Horizonte, Minas Gerais, essa empresa também costuma produzir diversos eventos presenciais com o objetivo de ajudar o mercado de marketing digital, e está presente em vários países do mundo.

MONETIZZE

Essa empresa cresceu muito rápido, e hoje conta com o cadastro de milhares de produtos digitais. A Monetizze cobra 9,99% (mais 1 real) por transação; seu checkout é elogiado por muitos infoprodutores do mercado e toda a sua equipe costuma ser muito atenciosa. Também é de Belo Horizonte e também tem uma área de membros para alojar os seus cursos.

PAGSEGURO

É a empresa mais antiga da nossa lista, porém seu foco não é tanto produtos digitais. As taxas do PagSeguro são bastante variáveis e dependem da quantidade de vezes que o seu produto foi parcelado. Enquanto nas anteriores, independentemente de o seu cliente parcelar ou não, a taxa não muda, no PagSeguro quanto maior for o parcelamento menos você recebe. Não há uma área de membros.

ABRIR EMPRESA OU NÃO?

Muitas pessoas ficam preocupadas e perguntam se é obrigatório abrir empresa para começar a vender on-line. Na verdade, não é obrigatório. Apenas com o CPF, você consegue criar o seu produto, ter um checkout e começar a vender.

Porém, existe um detalhe. Se você tiver o CPF vinculado à sua conta, pode vender o quanto quiser, mas só poderá sacar no máximo 1.900 reais por mês. Mesmo que venda um valor superior a esse, a diferença ficará retida na plataforma para ser retirada no próximo mês. Lembrando que a quantia máxima mensal de saque para a sua conta bancária não ultrapassa o valor informado anteriormente.

Se começar a faturar alguns milhares por mês, ter um CNPJ é obrigatório. Você pode optar pelo cadastro de microempreendedor individual (MEI) ou o Simples Nacional. Se o volume de vendas começar a ultrapassar o teto preestabelecido, consulte um contador e veja qual é a melhor opção para a situação do seu negócio.

COMO OS AFILIADOS PODEM AJUDAR O SEU NEGÓCIO?

Provavelmente, você já ouviu falar por aí na palavra afiliados. O mercado de afiliados tem crescido bastante ao longo dos últimos anos, muito por causa dos produtos digitais. Mas o que é, afinal, um afiliado?

Afiliados são profissionais que recebem comissão por cada uma das vendas on-line que indicar. Imagine que você produziu um e-book e o colocou à venda. O afiliado pode recomendar o seu e-book para alguém e, caso esse alguém efetue a compra, o afiliado recebe uma comissão por isso.

Mas quem faz a intermediação? Como o afiliado consegue promover o seu e-book e ganhar uma comissão? Resposta: usando algumas das plataformas sobre as quais nos referimos anteriormente.

Eduzz, Hotmart e Monetizze, além da criação do produto e do checkout, fornecem também um mercado em que junta-se produtores e afiliados. De um lado, há empreendedores que criam produtos digitais. Do outro, profissionais que estão dispostos a vender esses produtos e a ganhar uma comissão por isso.

Quando o afiliado quiser promover o seu produto, ele ganha um link específico que permite às plataformas saberem que aquela venda veio a partir daquele afiliado. Mas é você quem decide quanto o afiliado vai ganhar pela venda do seu produto. A comissão pode variar de 1% a 50%. Você é quem define esse percentual.

Lembre-se de que estamos falando de um produto digital, ou seja, não há custos físicos quando você faz uma venda. No caso de um produto digital, esse custo é perto de zero e isso permite que os afiliados possam receber comissões maiores.

Há milhares de afiliados trabalhando no mercado, mas apenas alguns possuem volume de vendas interessante e fazem disso uma profissão.

Para conseguir afiliados, há essencialmente duas maneiras. A primeira é a mais comum: você cria o seu produto em uma das plataformas e espera que os afiliados se interessem em promover o seu produto. A outra forma é você, produtor, ir atrás de bons afiliados e falar com eles para que promovam o seu produto.

É necessário alertar que, se você está começando, é normal que os melhores afiliados não tenham interesse em promover o seu produto. É

PUBLICAÇÃO DO PRODUTO E FORMAS DE PAGAMENTO

> **MAS O QUE É, AFINAL, UM AFILIADO? AFILIADOS SÃO PROFISSIONAIS QUE RECEBEM COMISSÃO POR CADA UMA DAS VENDAS ON-LINE INDICADAS POR ELES.**

necessário que primeiro você demonstre para eles que o seu produto gera bons resultados e só depois isso irá despertar a atenção dos melhores profissionais do ramo.

Quando o afiliado faz uma venda, você sequer precisa se preocupar em enviar a comissão para ele. A própria plataforma (Eduzz, Hotmart ou Monetizze) faz a divisão, e você recebe o valor da venda já com o desconto da comissão de afiliado. É tudo automático.

COMO FUNCIONA O PROCESSO DE VENDA NA INTERNET?

Depois de preparar o seu produto e colocá-lo em uma plataforma, chegou a hora de promovê-lo. Infelizmente, nem todos que criam produtos digitais conseguem fazer um grande número de vendas. Porém, o nosso objetivo é evitar que isso aconteça com você. Por isso, vamos mostrar algumas estratégias que nos permitiram vender vários produtos todos os dias ao longo dos últimos anos.

A primeira etapa é entender que toda venda de produtos na internet passa por um funil. Em geral, quando alguém quer vender um produto digital, a primeira coisa que faz é criar uma conta em uma rede social. Nada contra, mas não é apenas o fato de abrir uma conta no Facebook ou no Instagram que irá garantir sucesso na venda de seus produtos. Na verdade, esse é apenas o passo inicial.

Para compreender melhor, vamos fazer a analogia com uma loja física. Se você abre uma loja em sua cidade, a inauguração é apenas o primeiro passo. Depois disso, você precisa entender quais produtos vendem melhor, qual é a maneira correta de atrair pessoas para a sua loja, como reter clientes, quais promoções fazer etc.

É um processo que leva tempo e o obriga a testar várias estratégias. No digital a lógica é a mesma. Quando você cria uma conta em uma rede social e mostra para o mundo o produto que está vendendo, você está apenas abrindo a sua loja.

Durante os próximos passos, você precisará fazer esse produto ou serviço chegar a mais pessoas.

Veja a seguir todo o funil que o seu cliente potencial tem de percorrer antes de se tornar realmente um comprador do seu produto.

Vamos falar sobre cada um desses pontos:

- **Mercado-alvo:** o cliente tem de fazer parte do seu mercado-alvo. Tem que se interessar pela compra do seu produto.
- **Visitante:** por ter interesse, visita o seu conteúdo.
- **Prospect:** depois da visita, vem a interação caso ele goste da maneira como o produto é apresentado.
- **Possível comprador:** toma conhecimento de que há produtos sendo vendidos; a partir daí pode despertar o interesse.
- **Comprador:** é quem vai comprar o produto que você colocou à venda.
- **Cliente:** recomenda você a outras pessoas.

COMO FUNCIONA O PROCESSO DE VENDA NA INTERNET?

A maioria das pessoas quer passar da fase mercado-alvo diretamente para a fase de comprador. Tenha calma! No mercado digital, há algo de extrema importância: o conteúdo. É o conteúdo que você cria que vai permitir que o potencial cliente passe por todas as fases desse mesmo funil. O conteúdo vai gerar relacionamento, credibilidade e autoridade para você.

As redes sociais servem exatamente para isso: para você criar conteúdo, e com o conteúdo atrair seus potenciais clientes para, só depois disso, vender seu produto!

Pense no processo de compra deste livro que você lê agora. A não ser que tenha visto ele por acaso em alguma livraria ou encontrado em uma busca na internet, é muito provável que você já acompanhe o nosso conteúdo. Você também percorreu esse funil! Você começou acompanhando o nosso conteúdo, viu que tínhamos alguns produtos, provavelmente já comprou algum de nossos cursos e aí, em um determinado momento, viu a oferta do livro e acabou o comprando!

Foi o conteúdo que levou você a comprar este livro.

> **QUANDO VOCÊ CRIA UMA CONTA EM UMA REDE SOCIAL E MOSTRA PARA O MUNDO O PRODUTO QUE ESTÁ VENDENDO, VOCÊ ESTÁ APENAS ABRINDO A SUA LOJA.**

O QUE É RECOMPENSA DIGITAL?

Há várias redes sociais que você pode usar neste momento — falaremos sobre cada uma delas mais à frente — para que o potencial cliente percorra o funil e compre o seu produto.

Mas antes de entrarmos na parte das mídias sociais, é importante explicarmos o conceito de recompensa digital.

Apesar de as redes sociais serem ótimas fontes de divulgação, você precisa entender uma coisa: elas não são suas. A conta que você tem no Facebook não lhe pertence. A conta que você tem no Instagram ou no YouTube não são suas. E por aí vai.

Quando você cria conteúdo nas mídias sociais, a única coisa que está fazendo é construindo a sua casa em um terreno que não lhe pertence. Durante os últimos anos, vimos contas com milhões de seguidores sendo excluídas porque, em alguma situação, não respeitaram as regras dessas redes.

Qualquer rede social tem as suas próprias regras, e caso você não as obedeça corre o risco de ter a sua conta excluída da noite para o dia, sem explicação ou chance de recuperá-la.

Então, isso significa que você não deve apostar nessas redes? Não, óbvio que não.

Elas são excelentes espaços de divulgação do seu negócio. Porém, é necessário que se tenha consciência de que elas não pertencem a você e que você não tem nenhum domínio sobre as regras que ela pratica.

Para contornar essa situação, é preciso duas coisas:

1. **Ter contas em mais de uma rede social e criar conteúdo para elas:** tenha pelo menos três redes sociais em que se mantém ativo. É um risco muito grande depender apenas de uma delas.

COMO FUNCIONA O PROCESSO DE VENDA NA INTERNET?

2. Transfira o máximo que puder da sua audiência para a sua lista de e-mail.

Sim, eu sei que pode parecer ultrapassado ficar falando de e-mail marketing. Sim, também sei que o e-mail já não é tão utilizado como antes. Mas lhe perguntamos: você conhece alguém que não tenha e-mail? Certamente, se conhecer, serão poucas pessoas.

Além de ser usado para muitas finalidades, o e-mail é o único meio de contato sobre o qual você tem (quase) total domínio. Já reparou nisso?

Se alguém se inscreveu para receber o seu conteúdo e deixou o e-mail, a ferramenta de e-mail marketing não vai lá e elimina esse contato.

No máximo, a pessoa pode remover a inscrição na sua lista ou o e-mail não chegar na caixa de entrada dela. Porém, uma coisa é certa: uma vez capturado, apenas quem se inscreveu pode pedir para sair da sua lista. Você acaba tendo muito mais controle em uma lista de e-mail do que em uma conta de Facebook ou Instagram.

Uma lista de e-mails bem-trabalhada pode ter taxas de abertura de 20% a 30%. Ou seja, se tiver 1.000 e-mails, pode conseguir com que 200 a 300 pessoas abram a sua mensagem.

Além disso, o e-mail é o meio de comunicação que mais efetiva vendas. Apesar de nas redes sociais conseguirmos um número maior de visualizações e cliques, o ambiente mais focado do e-mail faz com que, mesmo com menos visualizações ou cliques, aconteça um grande número de vendas.

Obviamente, vai depender de cada negócio. Há negócios em que o WhatsApp, por exemplo, vende bem mais do que o e-mail. Já em outros, os stories do Instagram fazem milhares de vendas.

No entanto, é muito importante que você entenda que o e-mail é um ativo que dá segurança ao seu negócio. Se as suas principais mídias sociais forem eliminadas, o seu e-mail é a segurança, o local no qual você sabe que tem mais controle.

Por isso, recomendamos que faça parte da sua estratégia a captura de e-mails.

Mas qual é a relação da recompensa digital com o e-mail? Toda.

Certamente, você já viu por aí anúncios de e-books ou aulas grátis, correto? Para poder baixar esses e-books ou aulas, você tem que fazer algo muito simples: deixar o seu e-mail.

Chamamos a esse e-book ou aula de recompensa digital. Ela tem dois grandes objetivos:

1. **Dar reconhecimento ao seu trabalho por meio do e-book ou da aula;**
2. **Capturar o e-mail de quem vai ler o e-book ou visualizar a aula.**

Dessa forma, os dois ganham. Quem baixou consegue consumir um material grátis e quem ofereceu o material ganha o e-mail para fazer futuras ações de marketing.

Por isso, além do seu produto ou dos produtos que vai vender, recomendamos sempre que tenha também uma recompensa digital para que possa capturar contatos e fazer com que os seus potenciais clientes percorram todos os passos do funil.

Use essa recompensa em anúncios ou mesmo em publicações nas redes sociais. Tente fazer com que seus seguidores e fãs entrem também na sua lista de e-mails para que aumente a segurança do seu negócio e tenha novas formas de contato com a sua audiência.

> **CERTAMENTE VOCÊ JÁ VIU POR AÍ ANÚNCIOS DE E-BOOKS OU AULAS GRÁTIS, CORRETO? CHAMAMOS A ESSE E-BOOK OU AULA DE RECOMPENSA DIGITAL.**

O QUE É UMA LANDING PAGE OU PÁGINA DE CAPTURA?

Outra coisa que você precisa entender, antes de começar a coletar e-mails, é o significado de landing page: trata-se de uma página que tem como objetivo a conversão. No caso da recompensa digital, a conversão é o usuário deixar o seu e-mail para baixar um e-book ou a acessar à videoaula.

Para capturar e-mails, primeiro você precisa construir uma landing page (também conhecida como página de captura).

O processo costuma funcionar da seguinte maneira:

- **Passo 1:** você faz um post ou anúncio pago falando sobre a sua recompensa digital;
- **Passo 2:** os usuários clicam nesse post ou anúncio;
- **Passo 3:** ao clicar, são direcionados para a sua landing page;
- **Passo 4:** se gostarem da proposta, deixam o e-mail para ter acesso ao e-book ou à videoaula;
- **Passo 5:** são direcionados para a página de confirmação de inscrição.

Você deve estar se perguntando: como faço para construir uma landing page? Há duas possibilidades. A primeira, é contratar um programador e um designer para construir uma do zero. Mas não recomendamos essa opção, pois além de ela ser mais demorada, tende a ser mais cara em curto prazo. A segunda opção é contratar uma ferramenta que faça landing pages. Esse é o procedimento que adotamos em nosso negócio. Há várias ferramentas exclusivas para esse fim. Elas permitem que, em poucos minutos, você crie a sua primeira landing page. Além disso, apresentam alguns modelos pré-construídos. Basta selecionar o modelo que quer, trocar uma parte da estrutura, adaptar o texto e a sua landing page já fica no ar.

Confira a seguir algumas das opções do mercado de ferramentas para landing pages.

LEADLOVERS

Plataforma brasileira que permite a criação de landing pages, envia e-mails e cria uma área de membros para os alunos assistirem à suas aulas. Todo o site e suporte são em português, o que facilita se você tiver dificuldade com outros idiomas. O plano mensal começa em 154 reais por mês.

UNBOUNCE

É a que utilizamos internamente. Essa é uma ferramenta poderosa, que permite criar páginas em segundos. Tem funcionalidades bastante avançadas e o seu suporte é ótimo. O preço acaba sendo um pouco acima da média, começando em 99 dólares por mês.

LANDINGI

Mais uma plataforma poderosa para a criação de landing pages. Um pouco mais simples do que o Unbounce, mas ideal para quem está começando e o inglês não é um problema. Não precisa de conhecimento de programação para trabalhar com ela. O preço começa em 39 dólares mensais.

INSTAPAGE

Bastante famoso e com vários anos no mercado, o Instapage também oferece funcionalidades interessantes, e é bastante fácil a montagem de suas páginas por lá. Ele só tem um plano, que custa 129 dólares mensais. Nesse plano, você tem acesso a todas as funcionalidades. Se pagar a licença anual, ele custa 99 dólares por mês.

Independentemente das ferramentas, o importante é que você saiba que, para capturar e-mails, será preciso criar uma landing page. Como vimos, não é algo difícil. Basta escolher qualquer uma das ferramentas apresentadas aqui e começar hoje mesmo.

PÁGINAS DE VENDAS DOS SEUS PRODUTOS DIGITAIS

Vamos recapitular o que vimos até agora:
- A importância do nicho;
- As possibilidades de produtos digitais que você pode criar;
- Como criar o seu produto e inserir as suas aulas;
- Quais são as formas de pagamento;
- A importância da recompensa digital para trazer pessoas para a sua lista de e-mail;
- A construção da landing page.

Agora, iremos falar de outra coisa igualmente importante: a página de vendas. É nela que o potencial cliente irá ver toda a informação antes de comprar o seu produto.

O processo funciona da seguinte forma:

- O potencial cliente vê um post ou e-mail seu vendendo o produto;
- Ele clica nesse post ou e-mail;
- Ele vai para a página de vendas;
- Na página de vendas, clica no botão de compra;
- Ele vai para o checkout;
- No checkout, ele coloca os dados do cartão para a compra do produto;
- Depois de comprar, recebe o produto digital.

As páginas de vendas também podem ser desenvolvidas por meio de ferramentas usadas para construir as páginas de captura de e-mails (landing pages).

Mas o que deve conter em uma página de vendas? Veja a seguir alguns detalhes fundamentais.

Preço

O preço deve estar em destaque. Não tente escondê-lo por medo de que as pessoas o considerem demasiadamente caro ou barato. Veja o exemplo de como inserimos o preço do nosso curso "Stories que Vendem":

Por ~~De R$ 697,00~~
R$ 497,00
ou 12x de R$ 49,70

GARANTIR MEU TREINAMENTO STORIES QUE VENDEM

Período de garantia

Em geral, os produtos digitais têm garantia de no mínimo sete dias. Ou seja, durante esse período o comprador pode pedir reembolso da compra sem justificativa.

Veja como inserimos isso nas nossas páginas:

> NÓS GARANTIMOS QUE, SE EM 7 DIAS VOCÊ NÃO GOSTAR DO CURSO, DEVOLVEREMOS TODO O SEU INVESTIMENTO.
>
> Serão videoaulas curtas, totalizando 5 horas de treinamento, com certificado após você completar 75% do treinamento.

Um pequeno resumo sobre você

Lembre-se de que muitas pessoas que visitam sua página de vendas não sabem quem você é. Inclua algumas informação sobre você e o motivo pelo qual a pessoa que está visitando a página deve comprar o seu produto.

Observe como preenchemos isso no nosso perfil:

> **QUEM SOMOS?**
>
> **ANA TEX** ajuda empreendedores a alavancar visibilidade e vendas por meio das mídias sociais e, com isso, tem mais liberdade para fazer o que realmente ama. Possui 13 anos de experiência em marketing digital, é pós-graduada na Fundação Getúlio Vargas e nômade digital. É autora de treinamentos de marketing digital, como o "Mais Seguidores", "Mais Clientes", "VideoTex" e "TurboTex".
>
> **LUCIANO LARROSSA** é um dos maiores especialistas em Facebook Ads do mercado de língua portuguesa. Autor do primeiro e-book em português sobre marketing no Facebook e autor do livro *Facebook para negócios* (DVS Editora, 2018). Seu trabalho é amplamente reconhecido no mercado e já foi citado por diversos órgãos da imprensa, entre eles *Folha de S.Paulo*, *O Globo*, *Instituto Brasileiro de Coaching* e *Folha Dirigida*.

Qual é a transformação que o seu produto oferece?

Lembre-se de que um produto digital leva alguém do ponto A ao ponto B. Por isso, deixe bem claro aquilo que seu produto oferece e qual a transformação que ele vai provocar em quem o adquirir.

No caso do curso "Stories que Vendem", deixamos bem evidente a transformação que ele oferece: transforme as visualizações dos seus stories em vendas.

Nosso objetivo aqui era deixar bem compreensível para quem visitasse a página:

Nós não vamos te ensinar a fazer stories. Isso talvez você já saiba. Nós vamos te ensinar a transformar os stories em vendas!

Para definir a sua grande transformação, pergunte a você mesmo: qual é a grande transformação que o seu produto oferece? Deixe isso destacado em sua página de vendas.

Quais são as maiores dores do seu público?

Quando alguém compra um produto, é porque essa pessoa tem um problema que precisa ser resolvido. A esse problema, no marketing, muitas vezes chamamos *dor*. Pense: qual é a dor (ou as dores) do seu público? Qual é a razão de eles decidirem comprar o seu produto?

Essas dores e problemas devem ser explorados na página de vendas. Veja o exemplo da página de vendas do curso "Anúncios para Instagram":

Ele é ideal para:

- ✅ Quem nunca fez anúncios no Instagram;
- ✅ Quem já fez anúncios, mas gostaria de melhorar;
- ✅ Quem já fez anúncios, mas não obteve resultados.

Se você está em um desses três grupos, o curso é para você.

Com ele, você aprenderá a:

- ✔ Configurar seus anúncios tanto no feed como nos stories;
- ✔ Encontrar o público-alvo para os seus anúncios;
- ✔ Entender sobre como escrever para vender;
- ✔ Ter dicas de imagem para aumentar suas vendas.

Aqui, ao falarmos o que vamos ensinar, estamos automaticamente trabalhando em cima da dor do nosso público. Temos o conhecimento de que, no nosso caso, as principais dores são:

- Saber como anunciar para o feed e para os stories simultaneamente;
- Saber como encontrar o público certo;
- Saber como escrever para vender;
- Saber como criar a imagem certa para o seu anúncio.

Destacamos esses pontos na página de vendas com o objetivo de deixar isso evidente para o nosso público.

Realce aquilo que o aluno vai aprender

Além de trabalhar as dores, foque também em destacar outros pontos-chave que o aluno vai aprender. Veja como destacamos itens do curso "Redator Freelancer".

> **O curso vai ensinar você a:**
> - Criar textos que os seus clientes gostam;
> - Definir o seu nicho de redator;
> - Encontrar ideias de conteúdo;
> - Como criar títulos que chamem a atenção;
> - Como conseguir clientes como redator.

Aqui gostamos sempre de destacar o que será aprendido por meio de tópicos, pois fica mais fácil para quem está lendo.

Veja também o exemplo do "Mais Inscritos", um curso em que ensinamos a melhorar a performance do seu canal no YouTube.

> **DEPOIS DE FINALIZAR O NOSSO TREINAMENTO, VOCÊ SERÁ CAPAZ DE:**
>
> 1. *Atrair um grande número de inscritos para o seu canal;*
>
> 2. *Vender produtos e serviços para os seus clientes atuais e para os futuros;*
>
> 3. *Criar novas parcerias com grandes marcas do mercado que buscam influenciadores digitais.*

Enumere as principais objeções

Como dono de um produto digital, é muito importante que saiba quais são as principais razões que levam os potenciais clientes a **não comprarem** o seu produto.

No caso do curso "Redator Freelancer", identificamos que muitas pessoas não compravam o curso porque não sabiam do que precisariam para iniciar nesse mercado. Então, nós simplificamos. Dissemos que elas só precisariam dos elementos a seguir para começar a trabalhar como redator:

> **Para trabalhar como redator, você precisará apenas de:**
> - Internet;
> - Um computador;
> - Conhecimento sobre como trabalhar na área;
> - Vontade de atuar como redator.

Pronto, a objeção havia sido quebrada.

Já no curso "Chatbot para Negócios", identificamos que uma das dúvidas mais comuns era: preciso saber programar para ter sucesso com o curso? Com base nisso, decidimos eliminar essa objeção na página de vendas.

CHATBOTS PARA NEGÓCIOS

Transforme as mensagens da sua página do Facebook em uma máquina de vendas!

O treinamento 100% on-line que te ensina a criar seu Chatbot do zero **sem precisar saber nada de programação!**

Repare como destacamos na parte de baixo: "sem precisar saber nada de programação!".

Há outras objeções comuns, como:

- Depois de comprar, quando posso começar a assistir ao curso?
- Até quando terei acesso ao curso?
- Posso tirar dúvidas sobre as aulas?
- Posso assistir às aulas mesmo sem internet?

A todas essas perguntas e outras – que são comuns independentemente do curso –, nós respondemos no separador "Perguntas Frequentes". Veja um exemplo do curso "Gerador de Vendas":

PERGUNTAS FREQUENTES

O que vou aprender?
Você aprenderá a fazer anúncios poderosos tanto para o Facebook como para o Instagram, criando imagens que realmente trazem sentido à sua marca e, assim, proporcionando uma venda potencial.

Para qual tipo de empreendedor é esse treinamento?
Esse treinamento é voltado especificamente para digital influencers e empresários que possuam negócios locais business to business (B2B), ou seja, de empresas para empresas.

O que serei capaz de fazer com o conhecimento do curso?
Esse curso gerará mais vendas e liberdade para o seu negócio, e você aprenderá a trabalhar com as duas maiores mídias que consomem o seu produto dentro do seu mercado.

Para quem é este curso?

Outra coisa importante na página de vendas é mostrar para quem é e para quem não é determinado produto. Por isso, nas nossas páginas temos esse cuidado.

Destacamos em uma parte da página para quem é o curso. Veja o exemplo do curso "FashionMídias":

> **ESTE TREINAMENTO É PARA:**
>
> **VOCÊ QUE JÁ VENDE MODA DE MANEIRA AUTÔNOMA**
> Com uma loja física ou no formato porta a porta, se você quer aumentar os seus resultados por meio do Instagram, este curso é para você!
>
> **VOCÊ QUE AINDA NÃO TRABALHA COM MODA...**
> ... mas sonha em ter uma loja on-line, sem ter de investir pesado em plataforma de e-commerce, e não pode ter uma equipe para atualizar o site diariamente.

Evidenciamos para quem é o curso, para que não haja dúvidas.

> **LEMBRE-SE DE QUE MUITAS PESSOAS QUE VISITAM A PÁGINA DE VENDAS NÃO SABEM QUEM VOCÊ É. INCLUA ALGUMAS INFORMAÇÕES SOBRE VOCÊ E SOBRE O SEU PRODUTO.**

Adicione bônus

Oferecer bônus é um grande atrativo para o cliente. Por isso, recomendamos que você adicione alguns bônus em cada produto digital vendido. Pelo menos dois. Podem ser aulas extras, um e-book, um checklist ou uma aula ao vivo com todos os alunos em conjunto.

Repare nos bônus que damos no curso "FashionMídias".

8 Bônus exclusivos ao se inscrever hoje!

"Facebook para Negócios" com Luciano Larrossa

Aula de conteúdo engajador com Dani Almeida

Curso "Fotos que Vendem" do fotógrafo AndréShinozuka

Aulas exclusivas pra quem é atacadista

Aulas exclusivas para quem tem ou está pensando em ter uma loja física

Aulas sobre Pinterest para negócios

O que a pessoa vai aprender?

O que você também pode – e deve – fazer é mostrar na página de vendas o que a pessoa vai aprender durante o curso. Anteriormente, falamos sobre a transformação pela qual a pessoa passará, e essa transformação é obrigatória. Todavia, além de entregar uma jornada ao aluno, é preciso colocar mais detalhes sobre o conteúdo que será oferecido ao longo do curso ou do material que será entregue.

Confira um exemplo:

> **O QUE VOCÊ VAI APRENDER NO CURSO FASHIONMÍDIAS?**
>
> 1. COMO ABRIR A SUA EMPRESA
> 2. COMO CRIAR A SUA IDENTIDADE VISUAL ON-LINE E OFF-LINE
> 3. COMO BUSCAR FORNECEDORES ESTRATÉGICOS
> 4. COMO CRIAR CONTEÚDOS QUE VENDEM
> 5. PLANEJAMENTO FINANCEIRO
> 6. COMPRAS
> 7. PRECIFICAÇÃO DO SEU PRODUTO
> 8. ENVIO DA MERCADORIA, TROCAS E DEVOLUÇÕES
> 9. ESTRATÉGIAS DE MARKETING E VENDAS
> 10. INSTAGRAM
> 11. WHATSAPP
> 12. FIDELIZAÇÃO E PÓS-VENDA
> 13. CONTRATAÇÃO DE EQUIPE
> 14. CAPTAÇÃO DE E-MAILS DOS SEUS CLIENTES
> 15. CRIAÇÃO DE RECOMPENSAS DIGITAIS

Usar ou não usar vídeos?

Quando prestar mais atenção às páginas de vendas que visita, verá que muitas têm vídeos, mas outras não. E no seu caso, o que deve fazer? Já experimentamos muitas vezes com vídeo e outras sem.

Não dá para dizer que uma página de vendas é melhor ou pior com esse recurso, ou se vende com ele. Nós temos usado muito pouco, justamente por não ter feedbacks sobre a sua eficiência. Gravar, editar e publicar um vídeo consome tempo de trabalho e equipe e, por isso, decidimos focar na qualidade do conteúdo, sobre a qual já temos certeza do aprendizado efetivo.

Isso não significa que dentro de alguns meses, ou no momento em que estiver lendo este livro, não estejamos usando vídeos nas páginas de vendas. É possível. E recomendamos que você use, se puder. Porém, programe-se bem para as sessões de gravação, pois elas tomam tempo, e isso pode atrasar um pouco a criação de suas páginas de vendas.

Chat na página

Consideramos de extrema importância os chats nas páginas de vendas, por isso fazemos questão de que eles sempre estejam disponíveis. Chats são aquelas janelas que ficam no canto inferior da nossa página e que permitem que quem estiver visitando fale com alguém da nossa equipe para esclarecer suas dúvidas.

Você não imagina a quantidade de pessoas que deixam de comprar um produto por conta de dúvidas não solucionadas. Já vimos pessoas deixarem de comprar produtos on-line porque não sabiam em que cidade seria realizado um curso, porque queriam saber se podiam começar a assistir às aulas gravadas apenas daqui a três dias ou se era possível assisti-las pelo celular.

Se no momento da compra o cliente tem alguma dúvida e ela não é esclarecida de imediato, ele vai embora e desiste da aquisição.

No nosso caso, usamos a ferramenta JivoChat. Ela tem um custo baixo por mês e vale muito a pena. O chat foi responsável por aumentar em 10% as nossas vendas. Há outras opções gratuitas, mas o Jivo foi aquele que até agora nos deu os melhores resultados.

Hotzapp

Outra ferramenta que utilizamos e que tem nos ajudado bastante é o Hotzapp. Ela faz a recuperação de boletos e cartões que não passaram

COMO FUNCIONA O PROCESSO DE VENDA NA INTERNET?

pelo nosso checkout. Quando alguém gera um boleto ou tenta passar o cartão, o Hotzapp automaticamente envia uma mensagem para o WhatsApp dessa pessoa tentando fazer a recuperação da compra.

É uma ferramenta poderosa, que nos permite aumentar o faturamento atuando junto a quem já demonstrou interesse em comprar o nosso produto. Quando você começar a ter um volume de vendas interessante, recomendo que assine o Hotzapp.

CRIAÇÃO DE CONTEÚDO

Agora chegou a hora de trabalhar na criação do conteúdo. Você pode ter o seu produto, a sua página de vendas ou o seu checkout, mas, se não houver alguém para comprar o seu produto, você não vai efetuar as vendas.

Para abrir a mente dos seus possíveis alunos, você terá que entender quais conteúdos criar e em quais mídias deve estar presente.

Atualmente, há algumas redes sociais e ferramentas que recomendamos que você explore na hora de criar conteúdo para divulgar o seu produto digital:

- Instagram;
- WhatsApp;
- YouTube;
- Blogs;
- E-mail marketing;
- Facebook;
- Pinterest;
- LinkedIn.

A seguir vamos falar um pouco sobre elas.

INSTAGRAM

Há muito tempo que o Instagram não é mais apenas uma rede social de fotografias. Hoje em dia, ela se tornou uma das redes mais ativas no Brasil e você pode fazer muitas ações por meio dela.

Se quer divulgar o seu produto, é importante que entenda que há dois tipos de conta no Instagram: as contas pessoais e as comerciais. Tal como o próprio nome indica, a primeira, é para publicação de seus conteúdos pessoais; a segunda, para quem tem um negócio.

Se você quer vender o seu produto digital, é determinante que tenha uma conta comercial. Ela traz diversas vantagens, como:

- Você tem acesso às estatísticas, sabendo sobre gênero, quantidade e localização das pessoas que estão recebendo o seu conteúdo no Instagram;
- Você pode fazer anúncios pagos, atraindo mais pessoas para o seu conteúdo;
- Se você tem uma conta comercial, embaixo da sua bio terá uma espécie de vitrine com alguns botões nos quais pode-se colocar telefone, e-mail ou site.

Mesmo que você se arrependa de ter migrado para uma conta comercial, é importante alertar que é possível reverter o processo.

Para além da conta comercial, você precisa entender como funciona a dinâmica do Instagram. Ele está dividido em dois grandes locais: o feed e os stories.

O feed é aquele corredor central de conteúdo no qual você vê fotos e vídeos. É por lá que sempre se publica no Instagram desde que ele foi lançado.

> **VOCÊ PODE TER O SEU PRODUTO, A SUA PÁGINA DE VENDAS OU O SEU CHECKOUT, MAS, SE NÃO HOUVER NINGUÉM PARA COMPRAR O SEU PRODUTO, VOCÊ NÃO VAI EFETUAR AS VENDAS.**

Vale realçar que o Instagram também é gerenciado por um algoritmo. Ou seja, apenas uma pequena parte dos seguidores visualizam o seu conteúdo. Não dá para afirmar o percentual de pessoas que vão visualizar os seus posts, mas acredita-se que esses valores rondam entre 5% e 20%.

No Instagram, há alguns fatores que fazem com que as suas publicações cheguem a mais pessoas. São eles:

- O horário que você publica. Se publicar no momento em que mais pessoas estão on-line, as chances de ter mais curtidas e comentários são maiores;
- A constância nas publicações. Se ficar muitos dias sem publicar, o algoritmo do Instagram irá prejudicá-lo. Tente criar conteúdo pelo menos de dois em dois dias;
- Uso de hashtags (#). Esse recurso é fundamental no Instagram, e falaremos sobre ele mais à frente;
- Interação nos comentários. Sempre que alguém comentar, responda a essa pessoa. As redes sociais gostam de interação nos conteúdos. E quanto mais interação houver, sua publicação irá chegar a mais pessoas.

É muito importante que você não passe o tempo todo publicando sobre o seu produto digital, pois, se estiver sempre tentando vender algo para a sua audiência, eles vão começar a ignorar os seus posts. E se ignoram, as suas publicações, sem receber curtidas ou comentários, passam a ser entregues a menos pessoas.

Se você quer criar conteúdo no Instagram – e em outras mídias – e ainda assim vender o seu produto digital, você precisa aprender a vendê-lo sem vender.

Mas o que é isso?

É simples: é criar conteúdo que ajude as pessoas e indiretamente falar sobre o seu produto. Veja a seguir um exemplo de post em que essa técnica foi empregada no Instagram:

LUCIANO LARROSSA: *Quando comecei a trabalhar na internet, em 2010, era praticamente impossível imaginar que se poderia vender algo sem ter um site.*

Para tudo você precisava de uma página de vendas ou um e-commerce.

Hoje em dia, essa situação mudou.

Não que os sites já não vendam: eu tenho um e vendo por lá.

O ponto é que eles já não são obrigatórios!

Se você não quer um site, veja a seguir 7 passos para efetivar as vendas sem ter um.

1# Tenha boas contas em redes sociais

Se quer vender sem um site, você precisa fazer as vendas por meio de redes sociais. Para isso, é importante que produza bastante conteúdo no Instagram, YouTube e Facebook.

2# Encaminhe as pessoas para os aplicativos de mensagens

As vendas não vão acontecer nos posts. Elas vão acontecer nas mensagens, seja no WhatsApp, no direct do Instagram ou no Messenger do Facebook. Em todos os posts, encaminhe o usuário para fechar a venda por mensagens.

3# Faça anúncios

Se você quer potencializar o número de pessoas que entra em contato por meio de mensagens, precisa aprender a fazer anúncios pagos (no fim deste post tenho uma surpresa para você).

4# Script de atendimento

Agora que já tem pessoas entrando para falar com você, é preciso saber o que falar com elas. Para isso, você deve montar scripts de vendas.

5# Automatize processos

Quando você trabalha com vendas por meio de mensagens, muitas perguntas vão ser repetidas. Você pode ter mensagens prontas que apenas precisam ser copiadas e coladas quando tais perguntas aparecerem.

6# Mostre os bastidores da criação do seu produto

Use os stories para mostrar como você cria o seu produto e dê um sentido mais humano à sua marca. Você vai ver que os stories vão trazer muitas vendas.

7# Contrate alguém

Assim que puder, contrate alguém para ajudar no suporte. Se você fica *muito tempo no suporte, não terá tempo de produzir conteúdo e pensar em estratégia.*

E, para finalizar, hoje lancei o meu curso "Anúncios para Mensagens". Com ele você vai aprender a fazer anúncios para trazer mais pessoas para os seus canais de mensagens, como o direct, o WhatsApp ou o Messenger.
O link para você se inscrever está na bio :)

Viu como no fim acabamos vendendo um produto? Primeiro, chamamos a atenção da pessoa com um conteúdo; depois, damos esse conteúdo para ele e, no fim, fizemos a venda.

Obviamente, também fazemos posts mais diretos. Mas grande parte do nosso conteúdo na internet é assim: oferecemos alguns conselhos e vendemos ao mesmo tempo.

Alguns detalhes importantes sobre o feed do Instagram:

- A imagem tem que ser quadrada ou então ela poderá ser ajustada no próprio aplicativo; recomendamos que tenha o mínimo de 1.080 × 1.080 pixels;
- O tempo de duração dos vídeos no feed mudou. Agora, com a opção do IGTV, é possível disponibilizar vídeos de até uma hora.

Outro formato de conteúdo, os stories, é um pouco diferente do feed. Os stories são aqueles círculos que ficam no topo do seu Instagram. Esses conteúdos desaparecem ao fim de vinte e quatro horas e criam aquilo que chamamos no marketing de gatilho da escassez. Como a maioria dos usuários sabem que aquele conteúdo vai acabar, eles ficam mais tentados a visualizá-lo. Isso cria uma ansiedade maior, algo que com o conteúdo do feed já não acontece, pois ele ficará disponível para sempre (caso o usuário não arquive ou exclua o conteúdo).

Os stories podem ser com texto, imagens, vídeos, boomerangs, transmissões ao vivo e outros recursos que a plataforma disponibiliza. Eles têm duração máxima de 15 segundos.

Vendemos muitos cursos por meio dos stories. Porém, ao contrário do feed, os stories obrigam a criar conteúdo diariamente, pelo fato de desaparecerem ao fim de vinte e quatro horas. Aqui ficam algumas dicas para fazer os seus stories:

- Se você puder aparecer no seu conteúdo, será melhor. Os stories servem para criar uma aproximação com a sua audiência;
- Utilize as várias funções que os stories permitem, tal como as perguntas, enquetes ou GIFs. Isso cria uma maior interação com a sua audiência;
- Crie conteúdo que leve ao produto que você quer vender.

> **PASSE O TEMPO TODO PUBLICANDO SOBRE O SEU PRODUTO DIGITAL, POIS, SE VOCÊ ESTÁ SEMPRE TENTANDO VENDER ALGO PARA SUA AUDIÊNCIA, ELES VÃO COMEÇAR A IGNORAR OS SEUS POSTS.**

Se quiser aprender mais sobre stories e a gerar resultados, recomendamos que faça o curso "Stories que Vendem".

A bio é outro detalhe importante da sua conta do Instagram. Ela é um dos poucos locais nos quais você pode inserir links para divulgar o seu produto digital.

Aproveite e faça um bom resumo daquilo que você faz, pois a bio é o primeiro local em que a sua audiência terá contato com você. Observe as nossas bios:

Aqui é o lugar em que você deve colocar todas as informações sobre seu negócio, inclusive links. São 150 caracteres que poderão ser usados para resumir o seu negócio. Pense: se você tivesse cinco segundos para falar sobre o seu produto a alguém, o que falaria?

Outro detalhe importante são as hashtags (#). Certamente, você já viu que algumas pessoas publicam conteúdo no Instagram e, no fim da descrição ou nos comentários, inserem algo parecido com isto:

> **lucianolarrossa** #stories
> #negocios #marketing #digital

Isso serve para organizar o conteúdo dentro do Instagram. Se um usuário clica em alguma dessas hashtags da imagem, ele vai ver todos os outros posts dentro da rede que também usou essa mesma indicação.

Cada vez que fizer um post no Instagram, use hashtags relativas a esse post. Se publicou algo sobre vendas, use a hashtag #vendas. Se postou algo sobre marketing, use a hashtag #marketing. Não há um número mínimo de hashtags que você pode usar. Porém, recomendamos que use pelo menos cinco em cada publicação.

WHATSAPP

O WhatsApp começou sendo uma simples ferramenta de chat. Porém, hoje em dia, se tornou uma autêntica máquina de vendas para qualquer negócio. Tal como antigamente, conseguir o e-mail de qualquer cliente era fundamental. Hoje em dia, se você conseguir o WhatsApp de alguém, tenha certeza de que deu o primeiro passo para alcançar uma venda.

Nós usamos bastante o WhatsApp para fazer a venda de nossos infoprodutos e também de palestras, pois traz muitas vantagens. A primeira delas é que a maioria das pessoas já passa mais tempo no WhatsApp do que em qualquer outro aplicativo. E onde estiver a atenção das pessoas, há uma oportunidade de venda.

Outra vantagem é que o WhatsApp possibilita uma proximidade muito maior com as pessoas e um contato mais individualizado. A partir dele podemos enviar áudios, vídeos, texto, GIFs etc. São formatos de conteúdo que a maioria da população está acostumada a usar, e isso facilita bastante na hora da venda.

A entrega das mensagens é muito mais assertiva. Quando enviamos um e-mail, por exemplo, apenas uma pequena parte da nossa base realmente recebe a mensagem. Muitos vão para o spam, outros nem são abertos. Além disso, há muitos e-mails que não são fornecidos corretamente ou que, com o tempo, são trocados pelo usuário. Já no WhatsApp, a realidade é bem diferente. A maioria dos nossos contatos recebe nossas mensagens, e a chance de alguém errar o número do celular, ou dar um número falso, é bem menor. Ou seja: a nossa mensagem acaba chegando a mais pessoas.

Um erro muito comum que as pessoas cometem na hora de tentar vender os seus produtos no WhatsApp é de apenas fazer isso por meio de grupos. Eles podem ser boas ferramentas de vendas, porém, trazem mais desvantagens do que vantagens.

Em primeiro lugar, quando você forma um grupo, todos os contatos ficam expostos. Ou seja, você cria um grupo de potenciais clientes, nos quais inclusive os seus concorrentes podem ver quem está lá. Já imaginou formar um grupo de 200 clientes e o seu concorrente ir lá, pegar todos os números e entrar em contato com cada um deles? Você trabalhou para o seu concorrente!

Outra desvantagem dos grupos é que eles podem gerar problemas para o seu negócio, caso algum cliente insatisfeito resolva criticá-lo. Já imaginou o que é um cliente falar mal de você e outros 200 clientes potenciais ficarem cientes? Certamente, não ajudaria em suas vendas.

Felizmente, há uma opção melhor do que os grupos. Estamos falando das listas de transmissão. Nelas, você consegue disparar uma mensagem a milhares de contatos de uma só vez e de forma individual. Ou seja, se fizermos um disparo de mensagem e você estiver na nossa lista, você e outras milhares de pessoas receberão a mensagem individualmente.

É como se fosse um disparo de e-mail marketing, mas de modo individual. Atualmente, essa é uma das formas mais eficazes – e baratas – de venda do seu conhecimento na internet.

Por ser um canal mais pessoal, é importante que não insista na venda o tempo todo. Ao utilizar o WhatsApp, o ideal é oferecer conteúdo de valor para a sua lista e vender de vez em quando. No nosso caso, tentamos alternar sempre conteúdo com venda. Uma mensagem de conteúdo e, passados alguns dias, uma mensagem de venda.

YOUTUBE

Além do Google, o YouTube é uma das fontes de informação mais pesquisada do mundo. Diariamente, milhões de pessoas usam esse site para procurar dicas. O Brasil é um dos países que mais usa o YouTube, e, se você quer vender seu conhecimento, sem dúvida essa é uma plataforma em que você deve estar.

O YouTube não funciona como um canal tão direto de vendas como o WhatsApp ou o Instagram, mas é ótimo para aumentar a sua notoriedade, ser encontrado e criar uma relação mais próxima com a sua audiência.

Além disso, vídeos no YouTube aparecem nas pesquisas do Google, o que pode ser ótimo para você ser encontrado também pelo maior buscador do planeta.

Há um mito que diz que, para produzir conteúdo para o YouTube, você precisa ter materiais caros de gravação, dominar a retórica na hora de falar ou ter conhecimento especial em edição de vídeo.

Na verdade, apenas quatro coisas separam você de criar bons conteúdos para essa plataforma: conhecimento, celular, tripé e microfone. Se alguém tem esses quatro elementos, essa pessoa está pronta para produzir conteúdo em vídeo.

O problema é que a maioria dos aspirantes a criadores de conteúdo assistem a vídeos com milhões de visualizações, bem-produzidos e editados, e acham que aquela deve ser a realidade deles. Porém, esquecem que quem produz vídeos de elevada qualidade hoje, há muitos anos também começou com métodos simples. Que essa pessoa provavelmente gravava e editava os próprios vídeos e, ainda, utilizando equipamentos ultrapassados quando comparados aos de hoje.

No nosso dia a dia, e por viajarmos muito, nosso kit de gravação precisa ser portátil. Geralmente, usamos apenas aqueles quatro elementos a que nos referimos. E isso não impede que o nosso canal no YouTube seja uma excelente fonte de vendas e de visibilidade.

Procurar a perfeição, principalmente na fase inicial, irá bloqueá-lo e fará com que você não avance na criação do seu conteúdo no YouTube. Seja menos exigente nessa fase.

Para ser bem-sucedido no YouTube, outro detalhe que precisa estudar é SEO, ou otimização para mecanismos de busca (do inglês *Search Engine Optimization*) para YouTube. SEO é o que vai ajudar o YouTube a entender melhor o conteúdo do seu vídeo e, com isso, fazer com que fique nos primeiros lugares quando o usuário pesquisa pelo tema abordado por você.

Outro detalhe importante é a constância com que publica o seu conteúdo. Quanto mais constante você for, mais o algoritmo irá recomendar os seus vídeos a outras pessoas.

BLOGS

Parece algo bastante antigo, mas blogs ainda podem ser uma excelente forma de gerar vendas e de capturar contatos para o seu negócio, especialmente se usar o maior motor de busca – o Google – a seu favor.

Se houve um hábito que não mudou nos últimos anos foi o de fazer pesquisas no Google. Ao sinal da menor dúvida, nosso primeiro instinto é ir ao Google buscar pela informação.

Portanto, se existe pesquisa, significa que o seu potencial cliente também tem esse comportamento, e que ele pode encontrar o seu trabalho quando faz uma pesquisa.

LUCIANO LARROSSA: trabalho com blogs desde 2010, e eles são hoje uma das principais fontes de renda do meu negócio. Atualmente, recebo cerca de 80 mil visitas por dia nos meus sites e grande parte dessas visitas são provenientes do Google. São pessoas que procuram por algo e acabam lendo os meus artigos.

> **PROCURAR A PERFEIÇÃO, PRINCIPALMENTE NA FASE INICIAL, VAI FAZER COM QUE VOCÊ FIQUE BLOQUEADO E NÃO AVANCE NA CRIAÇÃO DO SEU CONTEÚDO NO YOUTUBE. SEJA MENOS EXIGENTE NESSA FASE.**

Reflita: quais pesquisas os seus potenciais clientes fazem no Google? Você pode escrever sobre isso e depois ser encontrado por eles.

Se precisar de ideias sobre o que escrever, existe uma ferramenta fantástica que pode ajudá-lo e já falamos anteriormente sobre ela: o Ubersuggest.

Há um conjunto de fatores que faz com que o seu site fique posicionado no topo do Google. O primeiro deles é a arquitetura do próprio site. Para entender o que alguém escreveu, o Google utiliza robôs que vão ler o conteúdo. Se eles não conseguirem entender o que foi escrito, o texto do blog não será bem indexado na busca. Por isso, um blog bem construído e preparado para a leitura do Google é fundamental.

A velocidade de carregamento é outro ponto importante. Se o seu site demorar muito tempo para carregar, você será penalizado e terá maiores dificuldades em ficar bem-posicionado.

Confira outros pontos importantes sobre blogs:

- Vários estudos indicam que quanto mais palavras tiver o seu texto, maior a chance de ele se posicionar no topo das pesquisas;
- Quanto mais antigo é o seu domínio, mais credibilidade ele tem para o Google;
- Receber links de outros sites é algo extremamente positivo e que vai ajudá-lo a melhorar a sua reputação com o Google;
- Quanto mais artigos escrever, maior a sua chance de ser encontrado;
- Quanto mais tempo o usuário passar lendo o seu artigo, melhor.

Ter sucesso com um blog é algo que acontece a longo prazo. Ao contrário das mídias sociais, em que com um bom trabalho você consegue retorno imediato, tanto o blog como o YouTube são sementes que você irá plantando no seu jardim para conseguir a recompensa lá na frente.

> **AO CONTRÁRIO DAS MÍDIAS SOCIAIS, TANTO O BLOG COMO O YOUTUBE SÃO SEMENTES QUE VOCÊ IRÁ PLANTANDO NO SEU JARDIM PARA CONSEGUIR A RECOMPENSA LÁ NA FRENTE.**

Essa é uma estratégia na qual poucos empreendedores apostam e, por esse motivo, recomendamos que você a use. Tal como nós, que hoje podemos viajar pelo mundo e ter milhares de pessoas acessando o nosso conteúdo graças aos motores de busca, você também pode fazê-lo.

E-MAIL MARKETING

"O e-mail marketing morreu." Certamente você já ouviu ou leu essa frase. Apesar de o e-mail hoje em dia já não ser tão utilizado como antigamente, a verdade é que ele continua sendo uma excelente ferramenta de vendas.

Em nossos negócios, não dispensamos o e-mail. Ele, mês após mês, é sempre uma das ferramentas que mais vende. A principal vantagem do e-mail são as suas taxas de conversão. Ao contrário das redes sociais, em que precisamos de centenas de visualizações para conseguir uma venda, no e-mail algumas dezenas de aberturas podem significar várias vendas.

O e-mail é um ambiente mais fechado, no qual o usuário tem menos distrações e, por isso, acaba comprando mais facilmente.

Para ter uma lista de e-mails, que chamamos de mailing, e vender para ela, primeiro você precisa ter uma estratégia de captura de contatos.

Depois de capturar os contatos, você precisa gerenciar os mesmos e-mails e fazer disparos. Uma das ferramentas que recomendamos para trabalhar o seu e-mail marketing é o E-goi. Com ela, você irá conseguir capturar e-mails, fazer disparos, gerenciar a sua lista e muito mais. A plataforma tem um suporte 100% em português, o que facilita bastante na hora de criar suas listas e integrar formulários às suas landing pages.

Veja algumas dicas na hora de usar o seu e-mail marketing:

- **Não use o e-mail apenas para vendas:** o seu e-mail marketing também deve ser para entregar conteúdo gratuito para a sua audiência. Desse lado, tentamos sempre enviar um e-mail de conteúdo a cada dois de venda;
- **Não tenha receio de enviar e-mails de venda:** com medo de que as pessoas cancelem a assinatura na lista, muitos empreendedores acabam não enviando e-mails. Não cometa esse erro. As pessoas estão na lista para comprarem de você. Se você manda e-mails de venda e elas cancelam, não se preocupe com isso. Faz parte do jogo;
- **De tempos em tempos, limpe a sua lista de e-mail:** limpar significa eliminar os usuários que não estão abrindo os seus e-mails. No nosso caso, quem não abre um único e-mail nosso nos últimos seis meses é eliminado da nossa lista. Enviar mensagens a quem não abre seus e-mails, além de deixar a sua ferramenta de e-mail marketing mais cara, acaba estragando a sua reputação com o Gmail, Outlook, iCloud etc;

- **Envie, majoritariamente, e-mails de texto:** antigamente, muitas empresas enviavam aqueles e-mails de uma só imagem. Esqueça, isso é coisa do passado. Além de aumentar as suas chances de cair na caixa de spam, e-mails só com imagens criam uma relação fria entre você e a sua lista. Envie e-mails de texto e que sejam o mais semelhante possível com uma conversa entre duas pessoas;
- **Estude sobre copywriting:** copywriting é a arte de escrever para vender, e ela é fundamental para aumentar as chances de sucesso das suas campanhas de e-mail. O título, como você fala com a sua audiência e como vende: tudo isso é determinante para conseguir transformar os seus e-mails em faturamento. E para conseguir fazer bem isso, estudar copywriting é fundamental.

FACEBOOK

O Facebook já foi a rede social do momento. Por volta de 2014, vender na internet era sinônimo de estar no Facebook. Qualquer empresa queria estar ali, fazer anúncios e promover os seus produtos. Os usuários usavam a rede social várias horas por dia e qualquer novidade era conhecida por lá.

Aos poucos, essa realidade foi mudando. Os escândalos de privacidade, o surgimento do Instagram, o WhatsApp, questões políticas e a necessidade de procurarem redes mais privadas fizeram com que muitos usuários abandonassem o Facebook e começassem a investir o seu tempo em outros aplicativos e sites.

Quer dizer que o Facebook morreu? Nada disso. Ele continua sendo uma das redes mais utilizadas no mundo – e no Brasil também – e é um dos canais de comunicação mais poderosos para vendas.

No Facebook, é importante que você entenda a diferença entre um perfil e uma página. O perfil é onde você compartilha as suas informações pessoais. Para gerenciar a sua empresa, você precisa ter a sua página (conhecida também como fan page). É onde você publica conteúdos relacionados aos seus produtos, conquistas e divulga os depoimentos dos seus clientes. Isso significa que você não pode publicar conteúdos da sua empresa no seu perfil? Nada disso. Porém, se usar o seu perfil apenas para publicar conteúdo empresarial, isso irá contra as regras do Facebook, e você pode ter a sua conta excluída. É a partir do perfil que você gerencia os conteúdos da sua página.

> **VOCÊ PRECISA TER A SUA FAN PAGE. É ONDE VOCÊ PUBLICA CONTEÚDOS RELACIONADOS AOS SEUS PRODUTOS, CONQUISTAS E DIVULGA OS DEPOIMENTOS DOS SEUS CLIENTES.**

O grande problema de usar o Facebook para a sua empresa é que o alcance das páginas é extremamente reduzido. Os últimos estudos indicavam que o alcance, em média, ronda os 3%. Ou seja, você faz um post e apenas 3% das pessoas que seguem você visualizam seu conteúdo. E estamos sendo otimistas...

Isso fez com que muitas empresas, aos poucos, fossem abandonando o Facebook e começassem a produzir mais conteúdo para o Instagram.

Mas qual a razão de você ter uma página no Facebook? Na verdade, existem várias. A primeira é que milhares de pessoas ainda estão no Facebook. Elas pesquisam e consomem conteúdos e podem encontrar aquilo que você publica. Além disso, muitos clientes, quando estão indecisos entre as duas empresas, acabam indo para as páginas do Facebook e fazem comparativos, por exemplo, entre o número de likes, recomendações e posts que as marcas fazem. Só depois tomam uma decisão. Se a sua empresa não estiver no Facebook, você pode estar perdendo clientes que têm esse comportamento.

Outro motivo pelo qual recomendamos que você tenha uma página de Facebook é porque, a partir dele, você poderá fazer anúncios pagos. E com anúncios pagos, o Facebook traz um retorno enorme! No Facebook você pode anunciar para gerar vendas, capturar contatos, aumentar o branding e as visualizações de vídeos, entre outras ações.

Além disso, o Facebook é dono do Instagram e do WhatsApp, e qualquer anúncio pago que fizer para uma dessas plataformas poderá fazê-lo pelo Facebook.

Confira mais alguns pontos interessantes que podem ser feitos com a sua página de Facebook:

- **Transmissões ao vivo:** é possível fazer transmissões ao vivo com várias pessoas a partir do Facebook. Além disso, você também consegue compartilhar a sua tela e responder quem faz comentários;
- **O Facebook, ao contrário do Instagram, permite que você publique links:** esses mesmos links podem ser publicações do seu

blog, site ou de algo interessante que queira compartilhar com a sua audiência;

- **Possibilidade de usar chatbots na sua página:** chatbots funcionam como um robô trabalhando como atendente na sua fan page. Ele permite que você poupe tempo e possa testar novas estratégias de vendas. Se quiser aprender como ter um atendente trabalhando 24 horas por dia na sua página, procure pelo curso "Chatbot para Negócios".

Quando você quiser levar o seu negócio a outro nível e começar a faturar, pelo menos, mais de 20 mil reais por mês, aprender sobre anúncios pagos é fundamental. Principalmente, anúncios de Facebook e Instagram. Não conhecemos nenhum negócio que tenha um bom faturamento e que não faça anúncios.

Criar conteúdo sem pagar para que ele apareça a mais pessoas tem as suas vantagens, mas também traz limitações. Você demora mais tempo para atingir um bom volume de pessoas, fica refém de algoritmos das redes sociais e as possibilidades de segmentar o seu público são bem rudimentares.

Com anúncios, todo o processo é acelerado. Você coloca dinheiro na mesa para chegar a mais pessoas de modo mais rápido. Gera vendas com uma facilidade impressionante. Quando anunciar nas redes sociais, verá que a segmentação que elas permitem é uma verdadeira mão na roda. No Facebook ou no Instagram você consegue, por meio de anúncios, por exemplo, comunicar-se com pais que tenham filhos entre 4 e 8 anos. Ou então, anunciar apenas para pessoas que tenham um determinado modelo de iPhone.

E isso por um custo extremamente reduzido! Dependendo da segmentação e do anúncio em si, em algumas situações você pagará entre 2 e 3 reais para alcançar mil pessoas. Seguindo essa lógica, em cidades com apenas 100 mil pessoas você pagaria cerca de 300 reais para alcançar toda a cidade. Obviamente esses valores irão depender de vários fatores, como a concorrência, o público ou o anúncio em si. Porém, o que queremos que entenda é que hoje em dia anunciar para milhares de pessoas se tornou extremamente barato, e o momento de aproveitar essa facilidade é agora.

PINTEREST

Muitas pessoas ignoram essa rede social, mas quem trabalha em segmentos nos quais a imagem é importante, o Pinterest é excelente. Áreas como decoração, vestuário, artesanato e arquitetura são bastante relevantes no Pinterest. Com ele, você pode criar conteúdo em imagens e levar pessoas para o seu site. Cerca de 80% do público no Pinterest é feminino e, tal como no Instagram, negócios com maior foco na imagem têm mais sucesso por lá.

O Pinterest também tem uma conta comercial para que você faça uso em seu negócio – com o benefício de que, ao criá-la, você ganha acesso à estatísticas. A rede funciona em formato de álbuns. Dentro dos álbuns, você posta imagens relativas ao álbum. Depois, é possível seguir usuários ou esperar que eles o sigam.

Outro ponto importante do Pinterest é que ele indexa facilmente no Google. Isso faz com que pessoas que estejam procurando conteúdo no motor de busca acabem encontrando os seus posts no site.

Mas como meu conteúdo é encontrado por outros usuários do Pinterest? Quando você compartilha um conteúdo, quem viu o seu post pode dar um *pin*, que é o ato de salvar a imagem. Quanto mais pessoas salvarem essa imagem, melhor, pois o Pinterest entende que se trata de um conteúdo relevante.

LINKEDIN

Mais conhecida por ser uma rede focada em business to business (ou seja, de negócios para negócios), o LinkedIn tem se tornado, a cada dia, uma rede mais descolada. Antigamente, o LinkedIn permitia apenas fazer publicações, atualizar o perfil, interagir por mensagens, estar presente em grupos, criar páginas e pouco mais. Apesar de extremamente relevante para empresários e profissionais de recursos humanos, ele se apresentava um pouco limitado em termos de recursos.

Com o crescimento de redes como o Facebook e com a melhoria dos smartphones, o LinkedIn fez diversas modificações. Passou a permitir que se publicassem textos maiores, inseriu a ferramenta de vídeo e, agora você pode utilizar o LinkedIn Live para fazer transmissões ao vivo.

Se você é uma pessoa que gosta mais de escrever e de um ambiente mais formal, o LinkedIn pode ser uma excelente oportunidade. Hoje em dia, o alcance das publicações nessa rede é muito bom e a taxa de interação é ótima. Por vezes, em alguns posts nossos no LinkedIn, o alcance chega a ser superior ao que conseguimos no Facebook, por exemplo. Além disso, essa rede tem um público mais qualificado. Por lá, costumam circular donos de empresas, diretores técnicos, diretores de recursos humanos e vendedores. Não que esses profissionais também não estejam no Facebook e Instagram. Porém, no LinkedIn, eles são maioria.

CRIAÇÃO DE CONTEÚDO

Outro ponto importante é que o LinkedIn permite anúncios pagos. É possível pagar para que as suas publicações ou empresa alcancem mais pessoas. Mas prepare-se: os custos para anunciar no LinkedIn são bem mais altos do que no Facebook ou no Instagram. No entanto, em negócios que sejam mais focados no business to business, anunciar nessa rede pode fazer todo o sentido.

DELEGANDO TAREFAS

Página de vendas, landing page, trabalhar o e-mail marketing, publicar conteúdo nas redes sociais e ainda gravar as suas aulas. Essas são apenas algumas das tarefas que você precisa fazer para lançar o seu produto digital. Mas será que você precisa fazer tudo isso sozinho? A boa notícia é que a resposta para essa pergunta é: não.

Para ajudar nessas tarefas, você precisa, em uma primeira fase, contratar freelancers. Também conhecidos como freelas, esses profissionais atuam nas mais variadas funções: design, programação, marketing, campanhas pagas etc.

É preciso diagramar um e-book e criar uma capa? Pode contratar um designer. Precisa que alguém construa a sua página de vendas? Pode contratar um programador. Necessita de ajuda nas suas mídias sociais? É possível contratar um social media ou assistente virtual.

Diferentemente do funcionário de uma empresa, o freelancer geralmente não tem horário definido, um contrato formal e não precisa comparecer a um local fixo para trabalhar.

A maioria dos freelancers recebe por projeto, trabalha em casa e pode ter vários clientes simultaneamente.

Contratar freelancers tem várias vantagens. Falaremos sobre cada uma delas:

- **Menor custo:** um freelancer não traz as mesmas despesas que um empregado fixo. São pagos por projeto e, quando ele for finalizado, cada um segue a sua vida. O nível de burocracia cai consideravelmente. Além disso, como o trabalho é feito de forma remota, você não precisa ter despesas de aluguel. Você e ele podem trabalhar cada um a partir de sua casa e o trabalho fluirá;
- **Maior foco:** como o freelancer sabe que é pago por projeto e, consequentemente, pelo resultado desse mesmo projeto, ele tende a ter um foco maior no trabalho que está fazendo. Não que o funcionário contratado não tenha, mas o freelancer sabe que, para conseguir novos clientes, ele tem que ser recomendado e bem-avaliado. Ele acaba exigindo mais de si mesmo;
- **Flexibilidade:** os freelancers geralmente são profissionais bastante flexíveis e entendem muito de tecnologia. Isso ajuda na hora de trabalhar a distância;
- **Especialistas:** como precisa apenas contratar freelancers, você pode ter vários profissionais especialistas dentro do seu time, ou seja, um designer, um programador e um profissional de marketing trabalhando apenas algumas horas por semana, e mesmo assim ter a sua despesa bastante reduzida. Provavelmente, esses três profissionais custariam o mesmo valor caso contratasse um único funcionário no regime CLT;
- **Não há limitações geográficas:** muitas vezes você deixa de contratar bons talentos apenas porque eles não vivem na sua cidade ou porque não querem se mudar para lá. Com os freelancers isso

não acontece. Você pode contratar profissionais de qualquer parte do mundo. Dessa forma, você foca o talento, não a localização geográfica.

NOTA: as nossas equipes de trabalho são 100% remotas. Trabalhamos com freelancers há muitos anos e esse é um formato de que gostamos bastante. No entanto, esse não é o único jeito de começar um negócio digital. Se precisar de ajuda (e provavelmente vai precisar) também pode optar por contratar alguém em tempo integral. Porém, recomendamos freelancers caso pretenda começar com uma equipe remota, ter menos custos e maior liberdade de tempo e espaço.

> **CONHECIDOS COMO FREELAS, ESSES PROFISSIONAIS ATUAM NAS MAIS VARIADAS FUNÇÕES: DESIGN, PROGRAMAÇÃO, MARKETING, CAMPANHAS PAGAS ETC.**

NÃO ESTOU AO LADO DELES, COMO SEI QUE ESTÃO TRABALHANDO?

Quando falamos sobre a contratação de freelancers e explicamos que a nossa equipe é completamente gerenciada dessa maneira, é comum percebermos três reações:

- Aquelas pessoas que ficam motivadas e que querem saber mais sobre o modo como trabalhamos;

- Aquelas que ficam na dúvida se aquilo é realmente para elas e se funcionaria. Porém, mostram-se dispostas a tentar;
- Aquelas que rejeitam completamente e dizem que, no caso delas, não funcionaria, porque precisam estar ao lado dos funcionários, para ver o que eles estão fazendo.

Se você faz parte desse último grupo, permita que troquemos mais algumas palavras com você.

Por contratar freelancers e não estar ao lado deles, você provavelmente acredita que eles vão passar o dia inteiro jogando videogame ou que vão dormir quando deveriam estar trabalhando.

Bom, a verdade é que se eles quiserem jogar videogame em um escritório, eles também podem fazê-lo. Muitos estudos nos Estados Unidos já demonstraram isso. Vamos a um exemplo: a JCPenney, loja de departamento norte-americana, realizou um estudo com 4.800 trabalhadores e verificou que 30% do tempo investido no escritório era gasto vendo... vídeos do YouTube. Em pleno século XXI, uma coisa é certa: estar no escritório não é sinônimo de produtividade.

Com freelancers, o trabalho é simples e direto: se aquela pessoa não estiver produzindo, você contrata outro profissional. E isso tudo sem burocracias.

O grande segredo para criar uma equipe de sucesso está na contratação e não na espionagem do que eles estão fazendo ou deixando de fazer.

Confiança é a chave. Se você conseguir construir uma equipe de confiança e que trabalhe de forma remota e produtiva, você certamente será um empreendedor digital bem mais feliz.

COMO LIDAR COM FREELANCERS

Outro detalhe importante é que você não veja freelancers como profissionais baratos e com emprego precário. Não pense que são freelancers apenas profissionais que não conseguiram trabalhar em uma empresa formal.

Na verdade, hoje em dia muitos profissionais se despedem de um emprego CLT para trabalhar como freelancers. Fazem isso porque procuram maior liberdade geográfica, de tempo e porque preferem trabalhar em casa. Muitos deles acabam ganhando até mais como freelancers do que como funcionários internos.

Um dos segredos para conseguir bons freelancers é não a focar apenas o preço. Se você está contratando freelancers e se preocupando apenas com o valor que eles vão cobrar, acredite: você está dando o primeiro passo para ter problemas no futuro.

Freelancers baratos também são bons profissionais. Há profissionais que cobram pouco porque estão começando a carreira, porque estão em uma situação financeira difícil ou apenas porque não sabem precificar bem os seus serviços. Resumindo: barato nem sempre é sinônimo de serviço ruim.

No entanto, se contratar só pelo preço, as chances de se frustrar são grandes. Avalie outros detalhes na hora de contratar (mais adiante aprofundaremos esse assunto).

Outro ponto-chave para ser bem-sucedido com os freelancers é definir, logo no início, alguns detalhes importantes, como:

- Como vamos nos comunicar? Será por e-mail, WhatsApp ou telefone?
- Quais são os seus horários de trabalho? Posso entrar em contato com você de que horas a que horas?

- Em caso de emergência, qual é o seu contato?
- Quais são as datas para a entrega das fases do projeto?

COMO ENCONTRAR FREELANCERS?

Há diversas maneiras de encontrar freelancers. A mais comum é falar com outros colegas que sejam empreendedores digitais e pedir as recomendações de algum profissional que tenha trabalhado com eles anteriormente.

Outra forma é usar sites de contratação de freelancers. Nesses sites, você publica a sua vaga de emprego para freelancers e eles mesmos se candidatam. Para o freelancer se candidatar ao projeto, ele precisa ter um perfil na plataforma, que inclui avaliações de antigos clientes, descrição de suas principais habilidades, o preço que cobra por hora, entre outras informações. Ou seja, antes de contratar o freelancer, você já tem um bom conhecimento sobre ele, que vai ajudá-lo na escolha de um profissional.

Um dos sites mais acessados no Brasil nessa área é o Workana, sobre o qual já comentamos neste livro. Lá existem milhares de profissionais preparados para ajudá-lo no seu projeto digital. O Workana funciona da seguinte maneira:

- **Passo 1:** você cria o seu perfil e coloca a sua vaga de projeto. Nela, você faz um resumo do que está buscando e define um prazo. É importante que elabore uma descrição completa do que pretende e seja bem claro na sua mensagem. Descrever bem o seu projeto é o primeiro passo para conseguir contratar o freelancer certo;
- **Passo 2:** você publica a sua proposta e espera que ela seja aprovada;
- **Passo 3:** muitos freelancers vão concorrer à vaga. Analise o perfil de cada um detalhadamente. Preste atenção especial ao feedback que foi deixado pelos clientes anteriores;

- **Passo 4:** entre em contato com os freelancers de que mais gostou e acerte todos os detalhes. Lembre-se de que os primeiros contatos precisam ser feitos pela plataforma.

Ok, mas como é feito o pagamento? Essas plataformas são interessantes porque, além de unirem empresas e freelancers, eles também dão maior segurança para ambos quando o assunto é pagamento. Quando você define a proposta do projeto, também escolhe como o pagamento será feito.

Usar essas plataformas como intermediários oferece segurança a ambas as partes, freelancer e contratante, para que nenhum dos dois entre em uma negociação mal-intencionada.

Recomendamos que, se possível, você pague 50% do valor do projeto ao freelancer na contratação e os 50% restantes quando ele finalizar o trabalho. Caso queira contratar um freelancer para trabalhar com você um número de horas fixo por mês, o pagamento poderá ser calculado pelo valor/hora que é pago para o tipo de profissional no mercado.

Se quiser contratar um freelancer de fora do país e o inglês não for um problema para você, há duas plataformas bastante similares ao Workana: o Freelancer.com e o Upwork.

COMO TRABALHAR REMOTAMENTE

Para ser bem-sucedido com a sua equipe de freelancers, outro detalhe importante é encontrar uma metodologia para trabalhar em conjunto com eles. Para isso há um mecanismo fundamental que você deve usar chamado ferramentas de gestão de projetos.

A grande razão para hoje em dia ser tão comum as empresas terem funcionários ou freelancers que trabalham remotamente é porque ficou bem mais fácil fazer isso. Há dez anos, e-mail e telefone eram as únicas opções de comunicação. Atualmente, há dezenas de ferramentas que podem auxiliá-lo nesse trabalho, tornando a comunicação e o gerenciamento de tarefas mais simples.

No nosso caso, usamos o Basecamp, uma ferramenta poderosa que permite que tenhamos tudo junto em um único local: chat, gestão de tarefas, arquivos, projetos, trocas de ideias e muito mais.

Ele fez com que evitássemos o WhatsApp em 90% das vezes, raramente trocamos e-mails, e ligações de videochamadas apenas são feitas quando precisamos realmente trocar ideias em tempo real.

Ele custa 99 dólares por mês ou 999 dólares por ano. Nessa parte decidimos não economizar. Afinal de contas, faz todo o sentido investir em uma ferramenta. A seguir listaremos outras ferramentas que também utilizamos no nosso dia a dia (algumas já foram citadas no decorrer deste livro).

- **MindMeister:** essa ferramenta é um mapa mental que permite que organizemos pensamentos mais complexos, como a criação de cursos ou de um livro. Ele nos ajuda a colocar as ideias em ordem e o trabalho flui mais facilmente;
- **Google Drive:** conforme vai desenvolvendo projetos, você acumula arquivos. Vídeos, imagens, músicas etc. É importante ter esse material em algum local seguro. O Google Drive fica conectado ao seu computador, e todos os arquivos que guardar nessa ferramenta ficam armazenados em uma nuvem. Dessa forma, mesmo que o seu computador tenha algum problema e você perca as informações contidas nele, todos os seus arquivos continuarão no Google Drive e você poderá acessá-los facilmente;

- **JivoChat:** essa ferramenta é um chat que você coloca na sua página de vendas. Ela serve para solucionar dúvidas de pessoas que chegam a nós. Nos ajudou bastante a aumentar as nossas vendas;
- **Hotzapp:** serve para fazer recuperações de boletos e cartões de crédito que não foram aprovados. O sistema do Hotzapp envia uma notificação cada vez que isso acontece, extrai autenticamente o número de WhatsApp do usuário e permite que façamos a recuperação de maneira rápida;
- **Zoom.us:** utilizamos essa ferramenta para fazer reuniões com a nossa equipe. Tem excelente qualidade de áudio e vídeo e raramente dá problemas;
- **Notazz:** cada vez que alguém comprar um curso seu, você precisará enviar uma nota fiscal. A parte positiva é que você não precisa fazer isso manualmente. O Notazz integra automaticamente com a Eduzz, Hotmart ou Monetizze e gera, também de maneira automática, a nota, enviando-a ao cliente;
- **Unbounce:** colabora na construção das nossas páginas de vendas e captura.

Existem outras ferramentas que não usamos, mas que já testamos e que podem ajudá-lo em seu trabalho:
- **Gerenciamento de projetos:** Trello, MeisterTask, Asana;
- **Tutoriais em vídeo para a equipe:** Loom;
- **Para manter os arquivos em nuvem:** Outlook, iCloud, Dropbox;
- **Ligações:** Skype, Google Hangouts;
- **Organização individual de tarefas:** Things, Todoist;

- **Mapa mental:** MindMap;
- **Criação de landing pages/páginas de captura de vendas:** Lead-Lovers, Landingi, Instapage, Leadpages;
- **Chat na página de vendas:** LiveChat, Zendesk;
- **Ferramenta de webinários:** 99Webinar;
- **E-mail marketing:** MailChimp, ActiveCampaign.

E O WHATSAPP? NÃO É SUFICIENTE PARA NOS COMUNICARMOS COM OS FREELANCERS?

Apesar de o WhatsApp parecer uma excelente ferramenta de comunicação na prática, ela mais atrapalha do que ajuda no trabalho. Para entender por que dizemos isso, deixamos aqui um texto publicado no Instagram do Luciano e que resume bem o que pensamos sobre o uso do WhatsApp para negócios digitais:

Quem me conhece sabe que sou bastante crítico quanto a usar o WhatsApp para trabalhar em equipe.

O WhatsApp é uma excelente ferramenta de comunicação pessoal e de marketing.

Porém, para trabalhar em equipe, acho algo péssimo. Aqui vão alguns motivos:

Áudio: apesar de ser bastante prático, o áudio tem um grande problema: ele não é pesquisável.

Gravar áudios andando na rua pode fazer grande sentido, mas se surgir algum problema ou alguém tiver alguma dúvida e precisar pesquisar pela informação, áudios tornam-se um inferno.

Falta de noção: por ser fácil de criar conteúdo em áudios, muitas vezes há excesso de informação. Coisas que podiam ser ditas em um minuto são ditas em quatro.

Confusões: quando tudo fica escrito a comunicação torna-se mais clara. E se houver alguma dúvida entre a equipe, tudo fica pesquisável, e isso gera menos conflitos.

Vida pessoal: quem usa o WhatsApp pessoal para coisas de trabalho acaba misturando as coisas e trabalhando bem mais do que devia.

Por fim, gostaria de dizer que sim, usamos algumas vezes o WhatsApp na empresa.

Porém, nos últimos meses, temos feito grandes avanços e 90% da nossa comunicação consegue acontecer no Basecamp.

Estamos tentando trabalhar essa cultura na empresa e gostaria de compartilhar isso com você, talvez possa te ajudar :)

Isso não é uma regra que você deve seguir, ok? É apenas uma sugestão que damos. Durante muitos anos usamos WhatsApp, Messenger, Skype e e-mails para nos comunicar. E o nosso negócio cresceu! Porém, ele começou a crescer de um jeito bem mais organizado e menos amador quando começamos a usar o Basecamp em nosso dia a dia.

> **PARA SER BEM-SUCEDIDO COM SUA EQUIPE DE FREELANCERS, É IMPORTANTE ENCONTRAR UMA METODOLOGIA PARA TRABALHAR EM CONJUNTO COM ELES.**

VIAJANDO E TRABALHANDO

Dois grandes benefícios de ter um produto digital é o ganho de liberdade geográfica e de tempo. Você poderá trabalhar nos horários que escolher e onde quiser. Nós, durante o ano de 2018, por exemplo, visitamos mais de 15 países. E tudo isso enquanto continuávamos trabalhando em nossos negócios.

Porém, é importante deixar algumas ressalvas. Em nosso caso, demoramos vários anos até conseguirmos ter um negócio estável, em que pudéssemos decidir quando e onde trabalhar.

Se está criando o seu negócio digital agora, veja a possibilidade de viajar e trabalhar como um objetivo futuro. O início de um negócio digital é sempre bastante complexo e demorado. Por isso, trabalhar a partir da sua casa irá criar uma rotina mais produtiva e ajudará a conseguir os primeiros resultados.

Depois, com um negócio mais estruturado, poderá planejar as suas viagens. Por isso, o objetivo deste capítulo é fazer com que você conheça um pouco desse mundo, onde pessoas viajam e trabalham ao mesmo tempo.

Por ser um negócio sem estoque e no qual é possível fazer vendas a partir de qualquer canto do mundo, o mercado digital é propício para essa experiência. E você está dando o primeiro passo para que ela aconteça.

NOTA DA ANA TEX: Eu sempre gostei de vivenciar novas culturas e conhecer novos lugares, tanto que aos 17 anos escolhi fazer o curso de hotelaria porque meu sonho era viajar o mundo, tendo um trabalho que me possibilitasse esse estilo de vida. Porém, após anos de estudo e estágio, vi que não era bem aquilo que eu queria, acabei mudando de área, fiz pós-graduação em marketing e realmente me apaixonei por essa área.

Após trabalhar treze anos na área de marketing e criado meus produtos digitais, percebi que estava vivendo em uma bolha, trabalhando em casa, ganhando bem, porém um pouco desmotivada. Foi aí que me lembrei do meu velho sonho de infância: viajar o mundo!

Então, me dei conta de que, com meu trabalho como infoprodutora, isso era possível. Foi quando comecei a estudar mais sobre nomadismo digital, e em 2018 me aventurei pelo mundo, passando pela Europa, Oceania, Ásia e América do Norte.

Além de conseguir vender meus produtos, pude conhecer outras culturas e, inclusive, ficar na casa de seguidores em alguns desses países.

NOMADISMO DIGITAL

Quem trabalha e viaja ao mesmo tempo é considerado um nômade digital. Há milhares de profissionais que fazem isso pelo mundo. Alguns, como nós, viajam por vários cantos do planeta. Outros, preferem ficar em locais onde o custo de vida é mais barato e viajam apenas pelos países mais próximos.

A Ásia é o continente no qual isso mais acontece. Muitos profissionais começam viajando para a Tailândia, lugar em que, com apenas 250 dólares, é possível alugar um bom apartamento e conhecer a cultura local. Nesse mesmo país, um prato de comida pode custar 3 dólares, bem mais barato do que na maioria de lugares do Brasil.

O mito de que devemos nos aposentar para conhecer o mundo já não faz sentido para quem tem um negócio digital. Além disso, após estar aposentado, você não conseguirá aproveitar os países que visita da mesma forma que se fizesse isso hoje. Não sabemos como estará a nossa saúde nem a nossa condição física no futuro, por isso o melhor é aproveitar o momento atual e conhecer esse mundo repleto de cultura, novidades e pessoas interessantes.

> **SE ESTÁ CRIANDO O SEU NEGÓCIO DIGITAL AGORA, VEJA A POSSIBILIDADE DE VIAJAR E TRABALHAR COMO UM OBJETIVO FUTURO. O INÍCIO DE UM NEGÓCIO DIGITAL É SEMPRE BASTANTE COMPLEXO E DEMORADO.**

VIAJAR E TRABALHAR PODE FICAR MAIS BARATO

Muitas pessoas, mesmo aquelas que têm um negócio digital, acabam não aproveitando essa oportunidade porque acham que fica mais caro viajar e trabalhar. Durante os últimos anos nós comprovamos que isso não é verdade.

Durante as viagens, nosso orçamento era de 6 mil reais por mês e na maioria das vezes conseguimos cumprir essa meta. Obviamente, vai depender muito do país que você está visitando. Conhecer a Austrália ou a Inglaterra acabará sempre sendo mais caro do que passar um mês na Sérvia ou na Ucrânia, locais em que o salário médio é de 300 dólares.

Hoje em dia, com ferramentas como o Airbnb, ficou mais fácil fazer tudo isso. Nesse site, você pode alugar apartamentos em qualquer lugar do mundo. Basta pesquisar pela cidade que quer conhecer, ver os apartamentos disponíveis e pedir para reservar.

O Airbnb aumenta a segurança do processo, pois os apartamentos têm avaliações de clientes anteriores e você estará protegido pelas regras da própria plataforma.

Na Espanha, por exemplo, conseguimos um apartamento perto da praia, onde pagávamos apenas 14 euros por dia. Na Sérvia, a mesma coisa.

Nos últimos anos reservamos dezenas de apartamentos e temos algumas dicas para compartilhar com você, para que tenha uma melhor experiência:

- **Não alugue casas compartilhadas:** no Airbnb, você pode alugar o apartamento todo ou apenas um quarto. Recomendamos que alugue o apartamento completo. Lembre-se de que ele será o seu local de trabalho. Se compartilhá-lo com outras pessoas, pode ter problemas quando estiver trabalhando. As outras pessoas da casa podem fazer muito barulho enquanto trabalha ou prejudicar o seu sono. É mais caro, mas é essencial ter o apartamento só para você;

VIAJANDO E TRABALHANDO

- **Pergunte sempre pela velocidade da internet no apartamento:** sempre! Você precisa de poucas coisas para viajar e trabalhar, e uma boa internet é fundamental. Certifique-se sempre disso;
- **Veja as avaliações de clientes:** elas darão boa noção da limpeza, localização e qualidade do apartamento que irá alugar. Sempre que não prestamos muita atenção na avaliação, acabamos por ter más experiências;
- **Reserve com antecedência:** quanto mais cedo reservar, mais barato o apartamento irá ficar.

> **QUEM TRABALHA E VIAJA AO MESMO TEMPO É CONSIDERADO UM NÔMADE DIGITAL. HÁ MILHARES DE PROFISSIONAIS QUE FAZEM ISSO PELO MUNDO.**

FAZENDO DINHEIRO LOCALMENTE

Outra coisa interessante que você pode fazer é aproveitar o fato de estar nesses países e ganhar dinheiro também. Um exemplo: no nosso caso, aproveitamos o fato de estarmos em Portugal e organizamos uma palestra, com uma plateia de mais de 60 pessoas. Isso nos permitiu fazer um caixa interessante, que ajudou na nossa estadia por lá.

Você pode, por exemplo, organizar palestras ou treinamentos presenciais para os brasileiros da cidade onde você estiver. Ou, se dominar o idioma, abrir o seu evento para os nativos daquele país.

COMO POSSO COMEÇAR A VIAJAR E TRABALHAR?

Se você está firme nessa ideia de viajar e trabalhar pelo mundo, o primeiro passo é fazer uma lista de países que sempre sonhou em conhecer. É importante que esses países sejam próximos, pois isso faz com que consiga comprar passagens mais baratas e evita mudanças bruscas de fuso horário.

Outra coisa importante é ter um plano B. E se enquanto viaja e trabalha, o negócio não vender bem? E se precisar voltar rapidamente ao Brasil, teria como fazê-lo? Por isso, é importante ter um fluxo de caixa na sua empresa. No nosso caso, fizemos um fluxo de caixa de seis meses. Se durante os seis primeiros meses o nosso negócio não

> **VIAJAR E TRABALHAR PODE SER TENTADOR, MAS NÃO PODE SIGNIFICAR O FIM DO SEU NEGÓCIO. DE QUANTO VOCÊ PRECISA? DEFINA ESSE VALOR E CRIE UMA POUPANÇA PARA USÁ-LA, CASO PRECISE.**

vendesse um único produto, conseguiríamos pagar todas as nossas contas e continuar viajando.

A ideia de viajar e trabalhar pode ser tentadora, mas ela não pode significar o fim do seu negócio. De quanto você precisaria? Defina bem esse valor e crie uma poupança para usá-la, caso precise.

O próximo passo é definir qual é o valor que você precisa por mês para viajar. O que recomendamos é que o seu negócio renda, para você, pelo menos 6 mil reais por mês antes de se aventurar pelo mundo. Se puder ser mais, melhor. Ir com um valor inferior pode significar precisa trabalhar para pagar as suas contas e não conseguir conhecer os países que visita.

Por último, só comece a viajar quando tiver uma equipe que possa auxiliá-lo. Por vezes, as coisas em um novo país não acontecem como esperávamos. A internet não é boa ou o voo que pegaríamos atrasa. Por isso, é importante ter alguém no Brasil, na retaguarda, para auxiliá-lo quando esse tipo de coisa acontecer.

ÚLTIMAS
DICAS

Por termos viajado tanto, colecionamos algumas dicas importantes e que podem ajudá-lo ainda mais nessa jornada:

- **Se você já tiver uma grande quantidade de seguidores, divulgue para eles os países para onde vai viajar:** alguns ficam tão contentes com a sua ida, que convidam você a ficar alguns dias na casa deles. Pode ser uma excelente forma de se aproximar da sua audiência;
- **Pesquise sempre pela segurança do país para onde vai viajar:** ser assaltado em um país desconhecido e cujo idioma você não domina pode ser uma verdadeira dor de cabeça;
- **Fique atento ao fuso horário do país:** se a diferença de horário for muito grande, isso pode prejudicar a comunicação com a sua audiência;
- **Viaje com apenas uma mala de costas e uma de mão:** andar com uma mala muito grande, além de não ser prático, deixa os seus voos de avião mais caros. Isso porque você vai precisar despachar bagagem e a maioria das companhias aéreas cobra um valor extra por isso. Nós viajamos praticamente um ano apenas com uma bagagem de costas e outra de mão;

- **Evite alugar carro:** hoje em dia, com aplicativos como a Uber, sai mais barato viajar por meio deles do que alugar um carro. Além disso, evita multas e possíveis acidentes. A não ser, obviamente, que um dos seus objetivos seja conhecer esse país enquanto dirige.

No livro, abordamos um pouco a questão de viajar e trabalhar, mas ainda haveria bastante a falar sobre isso. Se você quer saber mais sobre esse mundo, recomendamos que siga o Casal Partiu (www.casalpartiu.com.br), que viaja pelo mundo desde 2010. Eles foram nossos mentores em muitas viagens e, além de terem vasto conhecimento sobre essa área, são pessoas muito simpáticas e atenciosas que certamente estarão dispostas a ajudá-lo.

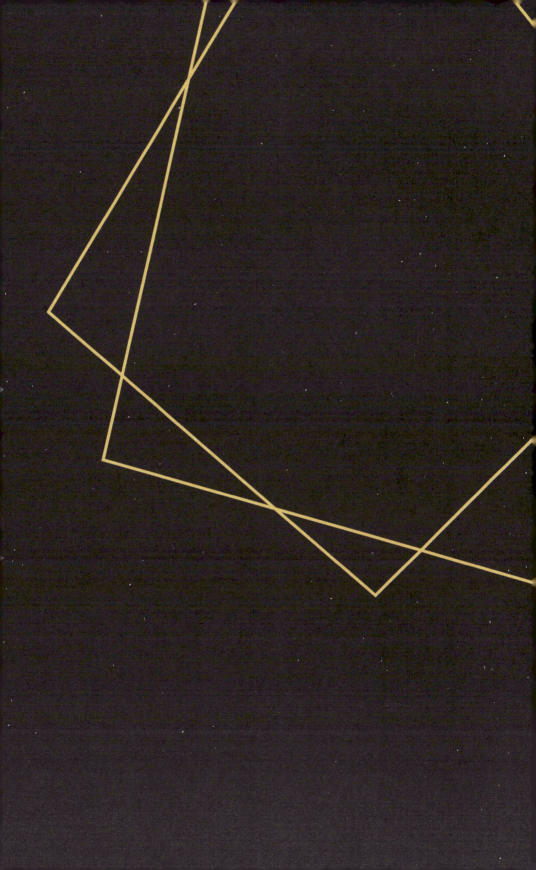

CONCLUSÃO

Parabéns por ter chegado ao fim deste livro. Agora, você tem uma visão diferente de como pode usar o seu conhecimento e fazer disso um negócio ajustado com o seu propósito de vida. Você possui todos os meios necessários para lançar o seu projeto on-line e ajudar muitas pessoas que precisam do seu conhecimento para ter uma real transformação de vida.

Lembre-se de seguir as orientações deste livro, pois isso dará mais clareza na hora de realizar as suas ações. Não caia no erro de fazer as coisas de forma apressada. Estude bem o seu público-alvo, analise o seu propósito de vida e crie condições para o seu negócio fluir.

Viver de nossos dons e habilidades, de tudo o que aprendemos com as nossas experiências, é um dádiva, mas é preciso responsabilidade, porque agora você irá criar uma comunidade de pessoas engajadas com o seu tema e com você.

Se preciso, releia este livro. Mas não fique apenas na teoria: coloque o seu conhecimento em prática. Sem isso, você não conseguirá alcançar os seus objetivos. Muitas pessoas se prendem à teoria e acabam nunca lançando o seu produto, adiando os seus sonhos e privando milhares de pessoas dos benefícios daquilo que tem a compartilhar.

ANA TEX | LUCIANO LARROSSA | ANA MARTHA TEX

Caso haja dúvidas, entre em contato por meio de nossos perfis nas redes sociais. Será um prazer orientar você nessa sua nova fase.

Um abraço e boa sorte,

Ana Tex, Luciano Larrossa e Ana Martha Tex

Acessando o QR code abaixo você encontrará um presente especial: disponibilizamos mais de mil reais em desconto na compra de ferramentas para auxiliá-lo no desenvolvimento do seu produto digital. Aproveite!

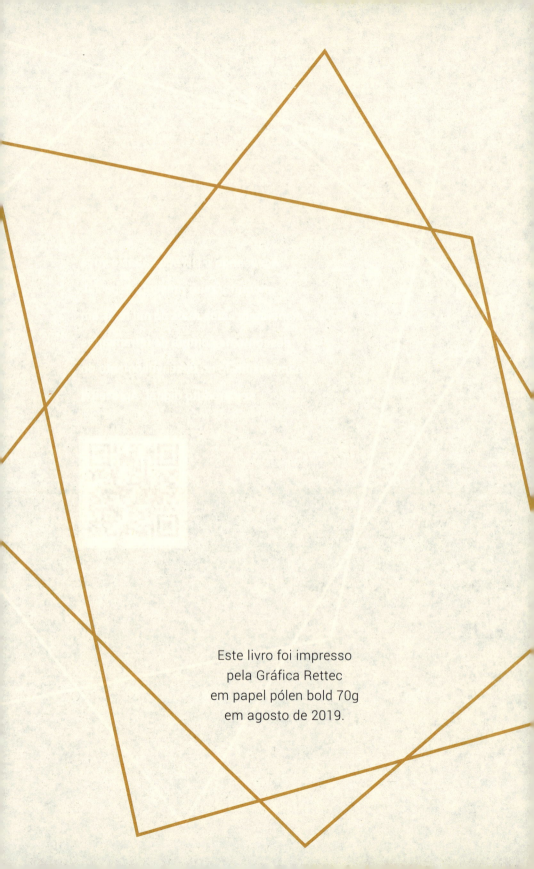

Este livro foi impresso
pela Gráfica Rettec
em papel pólen bold 70g
em agosto de 2019.